Anatomie d'un fiasco judiciaire

Daniel Soulez Larivière

Anatomie d'un fiasco judiciaire

L'affaire AZF

Albin Michel

À l'association Mémoire et Solidarité, rassemblant des ouvriers de Grande Paroisse sous la présidence de Jacques Mignard, ancien délégué CGT,
à Monique Mauzac, chimiste, veuve d'un cadre décédé dans le sinistre,
à Serge Biechlin, directeur de l'usine,
et à Daniel Grasset, président de Grande Paroisse.
Tous ont cherché la vérité et ne l'ont pas encore trouvée.

Et en hommage aux trente et une victimes du plus important sinistre industriel depuis la guerre.

« Le droit pénal est un droit qui s'interprète strictement. Il s'agit là d'un pilier de notre démocratie. »

Avertissement

Les trois procès devant le tribunal et la cour de Toulouse puis de Paris ont été filmés par décision du ministère de la Justice. Tout doute sur la véracité du présent récit des extravagances ou anomalies dans ce traitement judiciaire peut être levé par le visionnage de ces films exhaustifs mais qui ne sont pas encore accessibles sauf décision judiciaire.

Depuis le 21 septembre 2001, j'ai passé vingt ans de ma vie professionnelle à m'occuper de cette affaire et à défendre une entreprise et un homme, Serge Biechlin, directeur de l'usine AZF. Ils ont été justement relaxés par le tribunal de Toulouse puis injustement condamnés par la cour d'appel de Toulouse et, après cassation pour défaut d'impartialité objective, par celle de Paris. Après un tel fiasco, il m'est apparu de mon devoir de continuer à défendre, à titre personnel, l'honneur d'un homme. Je n'ai plus l'âge de déchirer ma robe, mais toujours celui d'écrire pour que reste inscrite une parole de défense et de bon sens afin que, dans l'intérêt général, l'injustice de cette condamnation soit de notoriété publique.

1

Grand angle et chronologie

Le vendredi 21 septembre 2001, vers 18 heures, quelques heures seulement après le désastre, Alain-Marc Irissou, directeur juridique de Total, que j'ai connu plus de dix ans auparavant lors d'affaires aéronautiques, me téléphone : « Nous allons avoir besoin de vous. Il faudrait qu'un avocat aille sur les lieux de l'explosion de l'usine AZF dès demain matin pour voir ce qui se passe. »

Je préviens immédiatement mon vieil ami Jacques Monferran, avocat à Toulouse, avec qui je travaille depuis des années. Toutes les vitres de son immeuble de la rue de la Dalbade étant tombées sous le coup de l'explosion, il est avec son cabinet en train de balayer la cour. Nous allons assurer ensemble la défense des personnels de l'usine AZF, propriété de la société

Grande Paroisse, filiale d'Elf, donc maintenant de Total[1].

Le lendemain matin, sur le site de l'accident, il regarde, écoute, constate l'ampleur du sinistre, rencontre les uns et les autres et observe l'activité des pompiers, des ouvriers, des cadres et de la police.

Plus tard, au premier procès devant le tribunal, il me sera demandé pourquoi un avocat a été envoyé sur place alors qu'aucune procédure en cours ne le justifiait. J'expliquerai aux magistrats que notre vision du métier, à nous avocats, est beaucoup plus large que ce qu'ils imaginent.

Quelques heures après l'explosion, le président-directeur général de Total, Thierry Desmarest, découvre par ses collaborateurs que cette usine sinistrée appartient à son groupe du fait de l'absorption d'Elf, qui a suivi celle de Petrofina. De petite société pétrolière, Total est devenue l'une des premières au monde. L'explosion d'AZF, la plus importante catastrophe industrielle depuis la guerre, survient peu après le naufrage de l'*Erika*, en 1999, un navire affrété par Total. Cette

1. Total a absorbé Elf moins d'un an avant.

explosion est un désastre : 31 morts, des milliers de blessés et des dégâts matériels considérables. Thierry Desmarest organise immédiatement une cellule de crise avec Jean-Jacques Guilbaud[1], futur secrétaire général du groupe.

Le directeur de l'usine de Toulouse, Serge Biechlin, a le soutien absolu de la société Grande Paroisse. Lui-même a interrompu ses vacances pour diriger les opérations de mise en sécurité du lieu avec ses cadres, dont son adjoint René Maillot que l'on verra s'affairant dans l'usine, blessé, le crâne entouré d'un pansement blanc. Tous sont obsédés par le risque de « suraccident », qui sera évité grâce à la solidarité, à la conscience, à la compétence et au courage de chacun.

La scène de la catastrophe est arpentée par un flux ininterrompu de visiteurs autorisés, parmi lesquels, notamment, le président de la République Jacques Chirac et Lionel Jospin, son Premier ministre, futurs concurrents à l'élection présidentielle. Le Président lui aurait dit en substance que, dix jours après les attentats du 11 septembre, il aurait mieux valu que ce ne soit pas un attentat.

---

1. Directeur de la communication et directeur des ressources humaines.

Dans le souci légitime d'éviter la panique et les manifestations racistes, le préfet transmet probablement, et c'est normal, des recommandations politiques au procureur de la République, Michel Bréard. Pendant plusieurs jours, les personnalités vont aller et venir, tel Philippe Douste-Blazy, élu maire de Toulouse le 23 mars 2001. À l'intérieur de l'usine, ce dernier prodigue aux ouvriers conseils et encouragements – et une fois dehors se répand en critiques acerbes contre tous ceux qui ont permis que cette usine se développe si près de Toulouse.

Comme l'exigent la loi et le règlement, la société Grande Paroisse forme une commission d'enquête interne pour rechercher les causes du sinistre et faire un rapport à l'administration (la DRIRE[1]) dans un bref délai. Celle-ci se met au travail dès le lendemain du sinistre. Alors que l'existence de cette commission résulte d'une obligation légale et d'un arrêté préfectoral, elle sera plus tard source de frictions avec certains de ceux qui mènent l'enquête policière et judiciaire

1. Direction régionale de l'industrie, de la recherche et de l'environnement, devenue la DREAL, Direction régionale de l'environnement, de l'aménagement et du logement.

et la croient destinée à « doubler » l'enquête judiciaire. Pressentant le problème, dès le dimanche, donc deux jours après l'explosion, j'ai proposé de faire présider cette commission par un magistrat à la retraite rompu à la pratique des enquêtes. Mais l'idée n'a pas été retenue afin, précisément, d'éviter toute confusion avec l'enquête judiciaire. Cette commission interne ne découvrira aucune explication certaine du sinistre.

Par ailleurs, est créée par la chancellerie une « commission de suivi des victimes » avec la participation des avocats des parties civiles, du procureur de la République, de Gérard Naisse, représentant des assurances de Total (le plus important assuré d'Europe), et d'un directeur délégué de Total, Patrick Timbart. Cette commission présidée par un magistrat[1] a pour objet l'indemnisation la plus rapide de toutes les victimes. Dans la semaine suivant le sinistre, Thierry Desmarest signe une tribune dans *Le Monde* affirmant que la société Total « assumera ses responsabilités d'industriel ». Elle le fera, conformément à l'article 1384 du Code civil sur la responsabilité

1. Mme Thuau (devenue directrice des affaires civiles par la suite).

du fait des choses[1]. En l'espace de trois ans, avec le concours du directeur délégué Patrick Timbart et des avocats s'occupant spécifiquement des préjudices matériels et corporels, Jacques Monferran et Jean-Marie Coste-Floret, 2,3 milliards d'euros seront rassemblés et distribués pour l'indemnisation des victimes au titre de la responsabilité civile automatique. Avec la pleine coopération de l'entreprise et de ses conseils, le président du tribunal, M. Cordier, a réussi son pari d'éviter de judiciariser absolument et radicalement l'ensemble de la question indemnitaire, ce qui aurait eu pour résultat de paralyser complètement l'activité judiciaire du tribunal de Toulouse et de retarder le processus d'indemnisation : moins de 0,1 % des indemnisations sont traitées judiciairement, 99,9 % à l'amiable dans les mois qui suivent le sinistre.

Au pénal, le Parquet désigne immédiatement après le sinistre des experts judiciaires, dont

1. La responsabilité du fait des choses est l'obligation de réparer le préjudice résultant du fait des choses dont on a la garde.

deux de Toulouse, l'un spécialisé notamment dans les feux d'artifice, et deux Parisiens que viendront aider des techniciens *ad hoc*. Huit jours plus tard, ces experts de Toulouse commencent par envisager une explosion spontanée, ou même, d'après le procureur, une explosion causée par la décomposition d'un animal. Le 12 juin 2002, le collège d'experts rend un rapport qui explique le sinistre par le dépôt fautif de 500 kilos de chlore (DCCNa) sur plusieurs centaines de kilos de nitrate, qui aurait entraîné une explosion des deux produits et celle d'un stock de 400 tonnes de nitrate situé dans le hangar 221, qui a sauté.

Sur la base de ce rapport et des réquisitions du procureur, 19 ouvriers et cadres de l'entreprise sont alors placés en garde à vue. Quelques mois plus tard, tous vont bénéficier d'un non-lieu, sauf le directeur Serge Biechlin, renvoyé devant le tribunal, ainsi que la société Grande Paroisse, mise en cause très tardivement – au bout de quatre ans.

Après moult péripéties, le tribunal de grande instance de Toulouse, fin 2009, rend sa décision de relaxe générale, faute de preuves.

Mais la cour d'appel de Toulouse en décide autrement et condamne le directeur à de la prison ferme et la société Grande Paroisse à une amende maximum.

La défense découvre, après la fin du procès, que l'une des magistrates de la cour d'appel est à la fois juge et partie puisque cette personne, Mme L., est vice-présidente de l'Inavem, une fédération d'associations d'aide aux victimes et qu'elle l'a laissée contracter un accord de collaboration en cours de procès avec une partie civile, la Fenvac (Fédération nationale des victimes d'attentats et d'accidents collectifs).

Considérant la présence de cette magistrate comme un défaut d'impartialité objective d'une juridiction, ce qui est contraire aux exigences de la Cour européenne des droits de l'homme (CEDH), la chambre criminelle de la Cour de cassation casse le 24 septembre 2015 l'arrêt de la cour de Toulouse. Mais, saisi par notre cabinet en la personne de Capucine Lanta de Bérard, le Conseil supérieur de la magistrature ne retient pas la responsabilité personnelle de cette magistrate car celle-ci a suivi son premier président qui a considéré qu'elle devait rester dans la composition de la cour.

Par ailleurs, au mois de décembre 2011, pendant l'audience en appel, Saica Pack, une usine de cartonnage située à 1,2 kilomètre du hangar 221, a explosé à son tour et brûlé. Elle était installée, comme AZF, sur le terrain d'une usine de munitions active à la fin de la Première Guerre mondiale et où des explosifs ont longtemps été stockés. De la nitrocellulose présente dans le sous-sol a explosé, entraînant l'incendie. Un des experts judiciaires d'AZF étudie ce nouveau sinistre. Pourtant la presse commence par affirmer que c'est l'incendie qui a provoqué l'explosion, et non l'inverse : l'idée que cet événement puisse jeter un doute sur les causes officielles de l'explosion d'AZF ne plaisait pas.

L'arrêt de Toulouse ayant été cassé, l'affaire est renvoyée devant la cour d'appel de Paris qui, le 31 octobre 2017, condamne finalement Serge Biechlin à une peine avec sursis, pour homicide involontaire. Et ce, au terme d'une décision qui contredit le premier jugement, d'abord par son résultat, une condamnation à la place d'une relaxe, mais aussi par les motivations qui semblent s'écarter du principe qu'avait rappelé le tribunal : « Le droit pénal est un droit qui s'interprète strictement. Il s'agit là d'un pilier de notre démocratie. »

Au mois de février 2021, la Cour de cassation rejette le deuxième pourvoi, celui contre la condamnation de Paris.

Nous en sommes à la vingtième année de procédure...

Dans son premier rapport d'expertise, huit jours après le sinistre, M. Van Schendel envisageait qu'une fermentation au centre du tas de nitrate avait produit une explosion. Dix mois plus tard, en juin 2002, le deuxième rapport d'expertise a soutenu que 500 kilos de DCCNa (chlore) auraient été déposés sur 500 kilos de nitrate. Selon un troisième rapport, s'appuyant sur la vingt-quatrième expérience en laboratoire, ç'aurait été 1,5 kilo de DCCNa balayé et ramassé dans un autre hangar, le 335, puis déposé sur le dessus d'une benne déversée quarante-huit heures plus tard dans le box du hangar 221 qui aurait généré l'explosion. Faute de preuves, cette thèse résultant de l'expérience dite 24, ou tir 24, n'a pas été retenue par le tribunal. Bien qu'elle se soit progressivement écroulée, les cours d'appel de Toulouse puis de Paris l'ont pourtant acceptée. Elle est toujours contestée par les prévenus, pour qui c'est une construction de laboratoire sans la moindre réalité sur le terrain.

C'est cette expérience qui avait motivé le renvoi de l'affaire devant le tribunal, celui-ci ayant relaxé les prévenus faute de présence sur les lieux d'un élément essentiel de cette démonstration : le chlore. Mais la cour d'appel de Paris a considéré que même si l'expérience dite 24, qui concrétisait cette hypothèse, ne reproduisait pas forcément la réalité, cela n'avait pas d'importance. Et elle a tenu le raisonnement suivant : certes, les analyses chimiques ont montré que personne n'avait trouvé de chlore (DCCNa) sur les lieux, mais c'est que le sol avait pu être lavé. « Que l'on n'en trouve pas ne veut pas dire qu'il ne pouvait pas y en avoir eu, et s'il pouvait y en avoir eu, il y en a eu », a tenté de démontrer la cour.

Magnifique sophisme d'une extrême dangerosité intellectuelle et morale.

Vingt années de procédure se terminent provisoirement ainsi, sur l'acceptation d'un sophisme. Qu'est-ce qui peut expliquer, dans les faits et dans la procédure, qu'on soit arrivé à ce résultat catastrophique : un sinistre industriel qui se double d'un sinistre judiciaire ?

Pourquoi ? Comment ?

Malgré les dizaines de milliers de pages du dossier, malgré les doutes, les suspicions, les spéculations autour d'un attentat, la cour de Paris a abouti à une explication purement technique, scientifiquement impossible, sans même avoir exploré sérieusement des pistes comme celle de la nitrocellulose, malgré nos demandes et celles de l'association des salariés Mémoire et solidarité.

Certes, la très longue durée de la procédure judiciaire est une des étranges particularités du traitement pénal en France de nombre d'accidents avec l'exploration de techniques complexes. En matière d'aviation, par exemple, dans l'affaire du crash du mont Sainte-Odile, dix-sept ans se sont écoulés entre l'accident et l'arrêt de la Cour de cassation ; dans celle du crash du Concorde, douze ans. Tout cela pour arriver à des relaxes générales faute de preuves dans ces deux drames. Dans le cas de l'explosion d'AZF, cette même absence de preuves avait aussi amené le tribunal à prononcer une relaxe : « Pas de preuves, pas de condamnation. » Et pourtant les deux cours d'appel saisies ensuite de l'affaire ont choisi, faute de preuves, de condamner sur des supputations.

L'incertitude technique, les controverses sur les causes du sinistre et les particularités de son traitement par la justice rendent cette affaire particulièrement riche d'enseignements concernant l'état de notre système judiciaire pénal. Une analyse de ces événements s'impose afin de mettre en lumière nombre de ses bizarreries et de ses dysfonctionnements.

L'enquête aurait pu être confiée aux services scientifiques centralisés de la gendarmerie sur réquisition du Parquet et du premier juge d'instruction. Peut-être aurait-elle été plus rigoureuse et fertile. Pourtant, dès le sinistre, les services de recherche de la gendarmerie de la région avaient proposé leurs compétences au Parquet et au premier juge d'instruction qui avaient refusé leur offre ! On ne saura jamais pourquoi, et donc on n'en dira pas davantage. Désir de garder cette affaire à la PJ de Toulouse ? Peut-être. Toujours est-il que, puisque la décision avait été prise, le nouveau juge d'instruction, Thierry Perriquet, pouvait difficilement renverser la table et confier l'affaire à la gendarmerie.

2

« À 90 % ou 99 %, c'est un accident »

24 septembre, trois jours après le sinistre, conférence de presse du procureur Michel Bréard pour expliquer la position du Parquet. Il reste vague, du moins jusqu'au moment où, arrivée très en retard alors qu'on en est aux rafraîchissements, une jeune journaliste le supplie de lui accorder une interview. Pour lui rendre service, ou du fait de la détente procurée par le cocktail, ou par besoin de se lâcher après s'être censuré, toujours est-il qu'il lui dit : « À 90 % ou 99 %, c'est un accident. »

« Ils veulent un accident… »

Pourquoi a-t-il dit ça ? Peut-être par un réflexe contre lequel ceux qui n'ont pas l'habitude des médias ne sont pas mis en garde. Quand on est interviewé plusieurs fois, on n'a pas envie de trop se répéter. Instinctivement, à la dernière question, on développe et on entre dans un champ qui n'était pas forcément celui qu'on avait prévu. Les professionnels de l'interview le savent bien, qui répètent quatorze fois la même question pour qu'à la quinzième réponse l'interviewé se sente obligé de dire autre chose afin de ne pas se répéter.

Ce jour-là, l'affaire a été saccagée. Pour plusieurs raisons.

La première est politique. Le procureur avait le devoir de comprendre que, pour Chirac et Jospin, il était préférable d'écarter le spectre de l'attentat, politiquement désastreux pour tous et même dangereux pour l'ordre public. On ne peut pas les critiquer sur ce point. La traduction de ce vœu raisonnable par le procureur n'a pas été très habile. Tout cela a déstabilisé l'enquête de la PJ. Dès le vendredi soir, le directeur de l'enquête aurait dit au sortir d'une réunion à la préfecture : « À Paris, ils veulent un accident, ils auront un accident. » Ces propos ont été fermement démentis par l'intéressé mais confirmés par deux de ses collègues officiers de police judiciaire[1].

1. Audience du 28 juin 2009.

De telles déclarations du procureur produisent des effets en cascade. La police judiciaire ne se sent pas légitime à rechercher les traces d'un attentat puisque le Parquet qui la dirige se montre réticent notamment à ordonner des perquisitions immédiates, comme celle du domicile de M. J., un intérimaire victime dont l'examen du corps avant l'autopsie a montré qu'il portait cinq sous-vêtements[1]. Le médecin légiste, revenant d'un congrès médical au Maghreb, a immédiatement fait le lien avec la tenue des kamikazes qui superposent les slips, caleçons et shorts pour se protéger avant la rencontre de soixante-dix vierges au paradis.

Dans son rapport, le commissaire Robert Saby, responsable de l'enquête policière, a noté que les autorités israéliennes consultées ont dit tout ignorer de ces pratiques, mais il passe sous silence mais non sans légèreté leur réponse empreinte d'un humour glacial : d'un kamikaze s'étant fait sauter il ne reste pas grand-chose qui permette de savoir ce qu'il avait comme sous-vêtements… Les Israéliens ajoutent quand même que, dans un cas

1. Deux slips, un caleçon et un short de sport avec suspensoir, soit quatre ou cinq sous-vêtements selon que l'on considère le short comme une seule pièce ou deux.

où le kamikaze s'était raté, on avait effectivement observé qu'il portait de multiples sous-vêtements, ainsi que le décrivait le médecin légiste français pour la victime examinée.

C'est là une distorsion typique de ce dossier, pour éviter la piste de l'attentat, ne serait-ce que comme hypothèse.

Comme si de rien n'était

« À 90 % ou 99 %, c'est un accident » est donc désormais la position de la police judiciaire. Au lieu d'ordonner immédiatement une perquisition chez ce suspect, M. J., peut-être soupçonné à tort, les officiers de police judiciaire sont arrêtés dans leur élan[1]. Ils ne pourront perquisitionner que sept jours après le sinistre et trouveront l'appartement de ce jeune Tunisien vide : rien, pas un vêtement, pas un papier, son épouse ayant fait le ménage. Comment le lui reprocher ? En tout cas, cela ne sera pas reproché à la PJ, et tout continuera

1. L'un d'entre eux a même déclaré à l'audience du tribunal le 28 juin 2009 : « J'ai été empêché de travailler sur cet axe [l'attentat] et je souhaiterais qu'on me dise pourquoi. »

comme si de rien n'était et comme si tout avait été bien fait.

Considérant que l'enquête est orientée, le commandant Cohen abandonne et quitte ses fonctions avec une lettre à son supérieur, ce qui est considéré comme le fait d'un mauvais joueur près de la retraite ayant, de surcroît, montré peu de zèle dans l'exécution du traitement de l'affaire de cette victime aux multiples sous-vêtements ! Un comble alors que c'est la passivité du Parquet qui n'a pas permis de procéder en temps utile à cette perquisition nécessaire... et d'ordinaire immédiate.

Les déclarations du procureur de la République et l'encouragement tacite à ne pas explorer la piste de l'acte volontaire, en particulier celle de l'« attentat », ont eu un effet anesthésiant sur les investigations. Sur ce point, elles se sont terminées le 15 octobre, après seulement trois semaines d'enquête !

Beaucoup plus tard, la police judiciaire s'est pointée pour perquisitionner le local d'un très ancien intérimaire d'AZF, Olivier Corel, un islamiste connu des services[1], et dans la mou-

1. Olivier Corel, de son vrai nom Abdel Ilah Al-Dandachi, surnommé « l'Émir blanc », islamiste radical d'origine syrienne, mentor de nombreux djihadistes, a fondé

vance duquel évoluait M. J., fidèle de la mosquée Bellefontaine (à Toulouse). La PJ n'a trouvé personne mais n'a pas essayé d'interroger ce personnage dont le nom sera cité dans l'affaire Merah.

De multiples questions sont restées non résolues. Pourquoi, quelques jours avant l'explosion, des gendarmes ont-ils prévenu la société SNPE[1], voisine, de la possibilité d'un attentat ? Pourquoi la préfecture a-t-elle organisé le 17 septembre, soit quatre jours avant l'explosion, une réunion de Vigipirate ? Quid du vol dans un local annexe de la mairie, situé impasse Palayre, de produits pouvant être utilisés pour la fabrication d'explosifs ? Des altercations avec des menaces avaient eu lieu la veille et le matin même de l'explosion entre chargeurs et chauffeurs parce que l'un d'eux avait placé un drapeau américain sur la plage avant de

---

une communauté à Artigat (Ariège), par laquelle sont passés les frères Clain et Mohammed Merah. Son nom reviendra dans plusieurs affaires de terrorisme. Souvent poursuivi, Corel bénéficiera de deux non-lieux en 2005 dans le cadre du démantèlement des premières filières djihadistes, sera gardé à vue dans l'affaire Merah et sera condamné une fois pour détention illégale d'arme de chasse.

1. SNPE : Société nationale des poudres et explosifs, contiguë à AZF sur le site.

son camion. Celui qu'on allait retrouver mort avec ses multiples sous-vêtements avait dit à ce chauffeur que « les principes du Coran commandent aux musulmans de s'unir contre les Occidentaux et les non-musulmans[1] ». Il avait déclaré à ses camarades de travail : « Je suis un combattant turc, les Français je les enc… C'est une bonne journée, tu t'en rappelleras. » Il avait amené un manutentionnaire inconnu. Mais qui était cet homme ? Un chargeur décédé dans l'explosion, Bernard L., avait confié à son père : « Ils vont tout faire sauter. »

On sait que si, dans une affaire criminelle, le travail nécessaire n'est pas fait dans les trois à huit jours, c'est fichu, on ne saura jamais !

L'idée d'un attentat était taboue. Le procureur de la République n'a fait qu'exprimer maladroitement la pensée des autorités.

Contactée par la défense pour des motifs de procédure, la Direction des affaires criminelles et des grâces manifeste incidemment une claire hostilité à l'hypothèse de l'attentat. Mais un acte de malveillance, pourquoi pas ?

Dès lors que l'hypothèse de l'attentat a été fermée et qu'on abandonne toute investigation

1. Cotes 749 et D559 du dossier.

sur cette piste au bout de trois semaines (le 15 octobre), la défense, qui n'a accès au dossier que neuf mois plus tard, après les mises en examen, ne peut pas faire de miracles. Nos demandes d'investigation sur des pistes qui n'ont pas vraiment pu être explorées sont alors devenues vaines.

Une porte fermée

Le caractère illusoire des recherches sur l'attentat a donc entraîné une série d'effets dominos sur le dossier.

Si l'on n'a rien trouvé, comme dans la perquisition tardive chez M. J., s'il n'y a pas de preuves ni positives ni négatives, pas d'éléments concrets pour le prouver, on ne peut pas soutenir qu'il s'agit d'un attentat. Mais, comme les recherches n'ont pas été faites, sinon tardivement et mal, la porte n'est pas fermée. Cela ne fait pas pour autant une preuve. Et cette porte est d'autant moins close que, le 3 octobre 2001, un rapport des renseignements généraux, certes imparfait et très critiqué, soulève la piste de l'attentat, sans preuves mais en s'appuyant sur des rapprochements, des corrélations et des suppositions, avec un tableau très réaliste d'une effervescence islamiste à Toulouse et dans les milieux fréquentés par cette étrange victime :

– Contrairement à ce qui a été dit officiellement, un attentat a été revendiqué plusieurs fois. Peut-être par des fous ? C'est possible.

– On note aussi un appel de revendication piraté sur la ligne des pompiers mais toutes les identifications ont échoué.

– Pourquoi M. J. portait-il autant de sous-vêtements ? Sa compagne a déclaré qu'il en avait l'habitude pour cacher sa maigreur, mais d'autres proches l'ignoraient complètement. Et le médecin légiste n'a rien remarqué de particulier à cet égard.

– Pourquoi aucune vérification de son emploi du temps n'a-t-elle été faite, ni aucune étude de ses fadettes, alors que les RG dans leur rapport signalaient M. J. comme proche d'islamistes et poussaient à approfondir cette piste ?

– Pourquoi la PJ a-t-elle déclaré sans intérêt des questions sur un intérimaire suspect prénommé Samir ?

– Début septembre 2001, 21 kilos de chrome 6 ont disparu. C'est un produit qui, mélangé à du nitrate, peut provoquer une grave explosion, mais cela n'a fait l'objet d'aucune recherche sérieuse, et en tout cas rien n'a abouti…

La journaliste Anne-Marie Casteret signe dans *L'Express* le 16 janvier 2003 un article évoquant « sept preuves de l'existence d'un attentat[1] ». Trois mois auparavant, à l'automne 2002, elle a eu la gentillesse de venir me voir pour m'expliquer ses positions et me convaincre. Mais de sérieux indices, même ceux qu'elle donnait, ne permettent pas aux avocats de prendre publiquement position en faveur de la thèse de l'attentat. Il m'a fallu lui dire qu'on ne pouvait considérer cette piste que comme une éventualité et non comme une certitude. L'important, pour la justice, c'est que le procureur a soutenu que, l'acte volontaire étant écarté, l'accident chimique devait être retenu. Entraîner dans cette voie de l'attentat les personnes mises en examen avec le directeur Serge Biechlin ainsi que la société Grande Paroisse, filiale de Total, aurait été une aventure de défense dangereuse voire suicidaire, faute d'abord que cette piste soit suffisamment étayée. Mais aussi parce que soutenir une thèse orientée vers des personnes portant des « noms à consonance maghrébine » comme le fera remarquer le tribunal, cela pouvait être très mal pris, ce que le

1. Voir en annexe.

tribunal a clairement laissé entendre en en faisant reproche à la défense.

Une enquête estropiée

L'absence d'enquête, surtout pendant le temps où la défense n'avait pas accès au dossier, en a définitivement estropié une partie et il est devenu impossible de clore cette piste. Ce qui aurait sans doute été de toute façon très difficile.

Contrairement aux idées reçues, à l'époque en 2001, Toulouse était en effet un bouillon de culture islamiste. Les frères Clain, qui intéresseront la presse des années plus tard lors des attentats du 13 novembre 2015 à Paris, sont nés à Toulouse et y ont été élevés. Ils fréquentaient toute une mouvance, autour de la mosquée Bellefontaine, proche d'Olivier Corel et des mouvements prétendument piétistes qui seront en pleine lumière – une lumière sanglante – lorsque Mohammed Merah, en mars 2012, tuera sept personnes, trois militaires, puis quatre civils dont deux enfants dans l'attaque d'une école juive.

Le politologue Gilles Kepel, spécialiste du terrorisme islamique, a repéré tout ce mouvement de « djihadisme par le bas » qui s'est développé à partir de la fin des années 1990, produisant une troisième génération de djihadistes[1]. Le djihad des pauvres est à l'opposé de la vision pyramidale d'un terrorisme international dirigé depuis les grottes d'Afghanistan par un Ben Laden planifiant tous les attentats. C'est, semble-t-il, dans cette troisième vague qu'ont été pris Merah puis les frères Clain, et peut-être au tout début ce manutentionnaire étrange, si l'on en croit ses propos, son comportement et ses fréquentations signalés par certains témoins, ainsi que l'ont mentionné les renseignements généraux dans leur rapport du 3 octobre 2001. Mais les RG s'étaient attiré des quolibets, de la commisération, avaient été taxés de racisme et brocardés à l'audience par leur ancien patron, le directeur régional des RG devenu en 2006 directeur central des RG. Ce sont aujourd'hui leurs détracteurs qui sont mis à mal.

Les RG avaient bien mis en lumière dans leur rapport les premiers symptômes d'un tsunami qui devait tout emporter dix ans plus tard. Ils décrivaient la naissance de la nouvelle vague du

1. Gilles Kepel, *Sortir du chaos*, Gallimard, 2018.

djihadisme. La famille Clain, père, mère, frères, sœurs, s'est convertie entre 1999 et 2000. Fabien Clain, surnommé Omar, Abou Anas ou Adam Al-Faransi, Français né le 30 janvier 1978 à Toulouse, était suivi par les services antiterroristes depuis 2001. C'est lui qui a célébré et revendiqué dans un communiqué audio avec des chants islamistes psalmodiés par son frère les attentats de Daech du 13 novembre 2015 à Paris, qui ont fait 130 morts et 413 blessés. Fabien et Jean-Michel Clain, propagandistes acharnés de l'État islamique, ont été tués en Syrie, en février 2019, par une frappe aérienne de la coalition internationale.

Quel rapport avec M. J. ? Seulement la fréquentation du même milieu et de la mosquée Bellefontaine. On en aurait su davantage si la PJ avait pu faire son boulot, en recueillant immédiatement toutes ses fadettes (la puce de son téléphone venait d'un lot d'appareils destinés à un hôpital et volé). On a bien étudié celles d'avocats connus, pour connaître l'éventuelle taupe dans la magistrature qui aurait donné à Nicolas Sarkozy l'info qu'il était écouté. Mais on n'a pas examiné méthodiquement celles d'un suspect dans une catastrophe qui a fait 31 morts et entraîné le versement de 2,3 milliards d'euros d'indemnités.

Effets dominos

Le premier des effets dominos de la déclaration du procureur le 24 septembre 2001 a donc été l'inexistence ou le bâclage de toute enquête sur des éléments matériels : pas de recherche d'appels téléphoniques[1], pas d'étude des fadettes de ce suspect, pas de perquisitions en temps utile, des ébauches d'auditions manifestement bâclées ou prématurément interrompues, et l'affirmation péremptoire de l'absence de revendications, ce qui est faux – et de toute façon ne prouve rien, une grande partie des attentats survenus à Paris n'ayant par exemple pas été revendiqués.

Le deuxième effet domino est l'impression qu'ont pu ressentir les enquêteurs d'être encouragés à chercher à démontrer un accident au prix de mille contorsions, puisque, après la déclaration du procureur, il fallait *démontrer* que ça ne pouvait pas être un attentat. Dans les mœurs et trop souvent dans les faits, des experts judiciaires se sentent chargés de soutenir le Parquet, et parfois

1. On sait seulement qu'il a passé un long appel de plus de trente minutes la veille de l'explosion.

au prix de n'importe quelle sottise. Pris dans la dénégation de l'attentat, ces experts, et parmi eux M. Van Schendel (le spécialiste des feux d'artifice), ont tenté d'élaborer des théories selon lesquelles il n'était pas techniquement possible d'envisager un attentat à partir du tas de nitrate, à moins de complications extrêmes : ils ont prétendu qu'il fallait placer les explosifs au centre du tas ou à plusieurs endroits. Alors que 4 litres de fioul avec un détonateur à 100 euros posés au bord d'un tas suffiraient à le faire exploser à distance, comme la défense l'a fait valoir devant le tribunal. À entendre les experts, un tas de nitrate explose très facilement sans même qu'on le fasse exprès, mais le faire sauter volontairement c'est très difficile. Le tribunal en a ri et a relaxé ! Pour arriver à la cour de Paris, des années plus tard, avec un arrêt selon lequel l'expérience dite 24 des experts judiciaires, celle qui a justifié le renvoi de l'affaire devant les juges, n'était qu'un exemple que l'on pouvait donner de ce qui aurait pu se passer. Seize ans après les faits, de preuve certaine. L'expérience 24 a fini présentée comme une métaphore dans l'arrêt de la cour d'appel de Paris.

Le troisième des effets dominos a été l'élimination de tout ce qui pouvait compromettre la thèse officielle de l'explosion chimique et notamment la dénégation par les experts et par le Parquet de l'existence de deux explosions. Dénégation d'abord, puis absence de réflexion sur la signification d'une éventuelle double explosion sur la cause du sinistre.

Le dossier pénal AZF dans son intégralité est accroché à un clou branlant, celui des déclarations du procureur de la République qui ont faussé le travail d'enquête dès les trois premiers jours.

L'hypothèse d'un attentat n'est pas forcément la bonne. Comme le tribunal l'a retenu, c'est une possibilité, une éventualité, peu probable selon lui parce qu'on n'a pas de preuves. Mais on en a d'autant moins qu'on n'en a pas cherché.

Les déclarations du procureur ont donc réduit à néant toute possibilité de fermer la porte de l'attentat, tout autant que de l'entrouvrir. Elles ont hypothéqué les enquêtes techniques, et conduit la poursuite à se reporter sur un accident chimique. Elles ont orienté les interrogatoires, facilité les mises en examen accompagnées d'un contrôle judiciaire infamant, de treize personnes salariées de l'usine, avec un grave préjudice non seulement pour les prévenus mais aussi pour les parties civiles et pour l'image de la justice tout entière.

Une défense réduite à « on ne sait pas »

Il reste que la défense des salariés de Grande Paroisse, du directeur et plus tard de la société elle-même ne pouvait traiter les réalités qu'à partir d'elles-mêmes (comme l'énonçait en principe le général de Gaulle). Pas de preuves de l'attentat. Très bien. Pas de preuves rapportées d'un accident non plus, sinon construites au prix de contorsions absurdes. Pas non plus de preuves que l'explosion vient de la SNPE, l'usine voisine. Aucune preuve de quoi que ce soit. La défense était donc confinée dans un espace limité, celui simplement du doute, du « on ne sait pas ». Il n'y a que des suppositions. Aller plus loin aurait compromis la défense. Notre choix a été induit par cette situation. On a plaidé simplement le doute. Sans essayer de trouver une solution car elle était impossible à trouver. Cette conviction a été partagée par le tribunal, des magistrats sans complaisance mais qui se sont tenus dans la droiture et l'application du droit. Mais pas par la cour d'appel de Toulouse, dans des conditions acrobatiques qui ont conduit à une cassation. Et pas non plus par la cour de Paris, qui a rendu un arrêt ayant le mérite politique d'en finir avec un dossier pourri dans lequel nous voyons tous les vices d'une procédure inadaptée voire dévoyée. Les déclarations du Parquet ont donc estropié cette affaire judiciaire dès le troisième jour jusqu'au dernier, le 17 décembre 2019.

3

L'hypothèse impossible des experts

Un matin de septembre 2002, un an après le sinistre et après les mises en examen, Jacques Monferran et moi-même rencontrons enfin le juge d'instruction, Thierry Perriquet, en nous présentant en notre qualité d'avocats des salariés. « C'est une affaire très simple, nous dit-il très urbain. Il s'agit d'une confusion entre deux produits, le chlore (DCCNa) et le nitrate[1], qui par leur mélange est à l'origine de cette détonation. » Il reprend les conclusions du rapport des experts de juin 2002 affirmant que la cause de l'explosion

1. Il s'agit chimiquement d'ammonitrate mais par commodité il sera mentionné comme nitrate dans ces pages. Il y en a deux catégories dans les stocks de l'usine – agricole et industriel, le second détonnant plus facilement. Les experts ont choisi le nitrate industriel pour leurs expériences.

était un mélange de 500 kilos de DCCNa avec du nitrate stocké dans le box du hangar 221. Je lui propose d'apporter 50 kilos de chlore et autant de nitrate dans son bureau : il constatera très vite qu'il est impossible de les confondre. Vingt minutes plus tard, après avoir eu copie de quelques pièces, nous sortons de son cabinet.

Et le lendemain matin il informe Jacques Monferran de sa décision de procéder à une reconstitution à la suite de notre observation. Il veut en avoir le cœur net et celle-ci est organisée un mois plus tard, le 9 octobre 2002.

Le mélange des genres

La différence entre la tragédie et le drame est que le mélange des genres, avec le comique notamment, est possible dans le second. Ce sera le cas de cette reconstitution.

Selon les experts, M. F., un ouvrier, a confondu le nitrate et le chlore. Le juge d'instruction lui demande donc de pelleter du DCCNa (chlore) pour le jeter sur une benne, ce qu'il refuse catégoriquement de faire. Dans une reconstitution, en effet, lorsque la personne soupçonnée d'avoir fait quelque chose accepte d'accomplir le geste simplement pour comprendre ou savoir si c'est possible ou non, son geste lui-même demeure. Si, pour la reconstitution, elle consent à un geste qu'elle n'a pas fait dans la réalité, cela déclenche chez elle une tension schizophrénique insupportable.

Devant ce refus énergique, M. Van Schendel, l'expert, se porte volontaire et commence courageusement à pelleter le DCCNa, en apnée. Après la cinquième pelletée, l'odeur est telle qu'il laisse tomber la pelle et s'enfuit, de même que tous les participants, avocats, juges et procureurs. Ce sont des ouvriers de la société Grande Paroisse, équipés de combinaisons et de masques, qui viennent ranger le DCCNa et finir le travail.

Mais puisque, selon le schéma initial des experts, la benne qui aurait transporté les produits avec du DCCNa serait restée quarante-huit heures à l'air libre, l'un des experts décide de recommencer l'opération quarante-huit heures plus tard.

Avec les mêmes résultats.

La presse a biaisé la présentation de cette première expérience catastrophique pour l'accusation en arguant que les conditions étaient différentes, que dans l'usine les odeurs étaient complexes, n'étaient pas les mêmes. Le 12 octobre, à peine la deuxième reconstitution achevée, la défense communique à l'AFP la description exacte de ce qui s'est passé et du naufrage complet de l'explication des experts.

Le juge d'instruction, constatant que cette « affaire très simple » était « plus compliquée que ça », demande à la défense de déposer des demandes d'investigation en application de l'article 114 du Code de procédure pénale.

Les experts persistent néanmoins à soutenir cette hypothèse farfelue – sans entraîner la conviction –, et ils la maintiendront pendant deux ans. Pour eux, les produits n'étaient pas les bons, les conditions n'étaient pas les mêmes. Le juge d'instruction leur propose donc de faire une nouvelle reconstitution comme ils le veulent, en choisissant les produits qu'ils veulent, dans le bâtiment qu'ils veulent. Mais, comme dans les mauvaises farces, ils refusent.

Il a finalement fallu plus de quinze ans pour que l'expert principal, M. Géronimi, se voie poser la question par la défense devant la cour d'appel de Paris : « Comment avez-vous pu imaginer un instant qu'on pouvait confondre le DCCNa avec le nitrate ? – On s'est trompé ! » a-t-il répondu d'un air navré en écartant les bras.

Cet aveu tardif aurait été mieux venu quinze ans plus tôt !

L'expérience, ou tir 24

Malgré cette impossibilité matérielle, les experts se sont obstinés à chercher l'explication de leurs échecs en prétendant qu'il s'agissait de DCCNa dihydre, dont le taux d'humidité est supérieur à celui de l'anhydre, plus sec, et donc générant moins d'odeur, selon eux – tous les ouvriers du secteur de l'usine travaillant sur le DCCNa ont assuré que, dihydre ou anhydre, le DCCNa a exactement la même odeur. Mais pendant trois ans, les experts, tout en confirmant leurs analyses initiales, ont demandé à Didier Bergues, co-expert choisi par eux, qui travaillait au Gramat[1], de chercher les possibilités d'explosion avec du DCCNa et du nitrate.

1. Centre de référence de la défense en vulnérabilité des systèmes et des infrastructures et efficacités des armements, dépendant à l'époque de la DGA et situé à Gramat (Lot), si bien qu'il est couramment appelé « le Gramat ».

Ils ont fini par proposer une troisième hypothèse, selon laquelle du DCCNa, 1,5 kilo seulement pour que ça ne sente pas trop fort, aurait été balayé sur le sol du hangar de stockage 335 puis jeté par l'ouvrier (celui qui avait refusé de se prêter à la reconstitution) sur le nitrate sec situé sur le dessus d'une benne de récupération. Cette expérience réussie en conditions de labo, sans la présence de la défense ni du juge, était leur vingt-quatrième tentative pour tenter de trouver les conditions dans lesquelles le mélange pouvait exploser. C'est pourquoi elle est appelée dans le dossier « expérience 24 ».

Selon ce scénario extraordinaire, M. F. aurait donc balayé dans le hangar 335 ce qui, sorti d'un sac de nitrate éventré, se serait éparpillé sur le sol. Il y aurait ajouté, peut-être sans s'en rendre compte, 1,5 kilo de DCCNa également balayé, aurait balancé le contenu de sa pelle sur le dessus de la benne, puis tout laissé en plan quarante-huit heures, faute de camion pour la transporter, avant de revenir la chercher le vendredi matin. C'est alors que, conduisant la benne dans le box d'entrée du hangar principal, le 221, il en aurait déversé le contenu sur les tas de nitrate déclassés et en attente d'être transportés dans le hangar lui-même. L'opération se serait alors déroulée de la façon suivante : d'abord le DCCNa tombe de la benne sur un sol détrempé de nitrate avec une reprise d'eau à 10 % (dont on se demande bien d'où elle aurait pu venir), constituant une sorte de « moquette » selon l'image acceptée par tous. Il y fermente pendant quatorze secondes (!), et c'est alors que le nitrate sec en attente dans la benne se déverse sur ce sol détrempé de nitrate déjà tartiné d'une couche de DCCNa. Le recouvrement par du nitrate sec aurait abouti à une explosion suffisant à déclencher l'explosion du tas principal et à générer la catastrophe que nous connaissons.

Mais pourquoi attendre quatorze secondes? Réponse des experts : pour des raisons de sécurité.

À l'audience publique du tribunal, un expert de la société Grande Paroisse a expliqué que tout ceci était impossible et ne pouvait aboutir à une explosion. D'abord, parce qu'on ne voit pas comment elle aurait pu se passer en deux phases, la première avec le déversement du DCCNa et la deuxième avec le déversement du nitrate. Et ensuite parce que si le DCCNa supposément placé, selon les experts, sur le tas de nitrate dans la benne était resté quarante-huit heures à l'air libre, il se serait dénaturé puis décomposé et n'aurait plus pu être un facteur explosif.

Alors, « si ce n'était pas dessus, c'était en dessous », a suggéré à l'audience M. Bergues, l'expert commis par la justice, et il a proposé une autre solution : le DCCNa aurait été mélangé au tas de nitrate au moment du remplissage de la benne et non plus jeté dessus.

Mais alors comment expliquer que 1,5 kilo de DCCNa mélangé à du nitrate pendant quarante-huit heures dans une benne n'explose pas tandis que quarante-huit heures plus tard, déversé dans une masse de nitrate, il provoquerait une explosion ?

Cette hypothèse acrobatique, improvisée à l'audience du tribunal après la démonstration par l'expert de Grande Paroisse que la thèse fondant l'accusation ne tenait pas, ne correspond en rien à l'expérience 24 et n'a jamais été vérifiée. L'expertise fondant la poursuite ne tient plus.

Le salut dans la fuite

Cette expérience 24, qui, de l'aveu même des experts, ne correspond pas à la réalité de ce qui s'est passé mais à ce qui aurait pu se produire, n'avait aucune valeur. Placé sur le tas de nitrate de la benne en si petite quantité, le DCCNa se serait décomposé à l'air libre. Et miraculeusement enfoui au cœur de la benne, il n'aurait pas explosé. Aucune expérience n'a démontré le contraire. L'expérience 24 n'a donc aucune valeur judiciaire.

À l'exception de Serge Biechlin, le directeur de l'usine, tous les salariés mis en examen ont donc bénéficié d'un non-lieu, y compris l'ouvrier sous-traitant accusé d'avoir fait le mélange de produits. Le 1er décembre 2005, la chambre d'instruction a confirmé le non-lieu en faveur de M. P., contremaître qui avait donné à M. F. son accord pour conduire la benne dans le sas du hangar 221, en jugeant qu'il n'y avait aucune preuve contre lui non plus dans le dossier pénal. Un non-lieu général était prévisible. « Les investigations recensées n'ont pas permis de déterminer avec une probabilité suffisante la consistance de l'enchaînement des circonstances qui ont abouti à la réalisation du sinistre. » Autrement dit, selon l'arrêt de la chambre d'instruction du 1er décembre 2005, en l'absence d'indices graves et concordants, il n'est pas possible de maintenir les mises en examen. Le non-lieu ou la relaxe sont alors certains.

Le juge d'instruction a cependant objecté qu'il était impossible de rendre un non-lieu général car la chambre d'instruction n'avait pas encore eu connaissance de cette vingt-quatrième et dernière expérience des experts. Et c'est cette expérience 24, pourtant dénuée de tout caractère probant, qui a fondé l'ordonnance de renvoi devant le tribunal correctionnel de Serge Biechlin et de Grande Paroisse, signant la fin de l'instruction.

Dans sa décision de relaxer, le tribunal s'est contenté d'observer que, pour que l'expérience 24 présente un intérêt pour la poursuite, il aurait fallu que l'on trouve du chlore quelque part, mais qu'elle n'avait plus d'intérêt puisqu'on n'en avait pas trouvé. Et il a suggéré avec quelque ironie que l'expérience elle-même n'aurait pu à elle seule créer du chlore !

La cour d'appel de Toulouse a soutenu le contraire dans son arrêt, qui a été cassé. Quant à la cour d'appel de Paris, à force d'entendre la défense critiquer cette fameuse expérience 24, elle a trouvé, non sans humour, « son salut dans la fuite », comme César, en expliquant que cette expérience 24 n'était pas la reproduction de ce qui *s'était réellement passé*, mais en quelque sorte une représentation de ce qui *aurait pu se passer*, autrement dit une métaphore. Des conjectures n'ont jamais fait une certitude.

D'une certaine manière, les efforts de la défense se sont trouvés couronnés de succès : d'abord l'hypothèse des experts s'est effondrée lors de la reconstitution d'octobre 2002, ensuite les critiques de l'expérience dite 24 ont fini par lui retirer tout intérêt au point que, au bout de seize ans, elle s'est trouvée réduite à une simple métaphore par la cour de Paris. Cela n'a cependant pas empêché cette même cour de la prendre comme fondement pour condamner en usant, comme nous le verrons, d'un raisonnement sophistique incompatible avec les règles du droit pénal.

4

De la vraie fausse à la fausse vraie expérience

Dans les tragédies classiques, chaque héros porte une marque du destin. Elle s'exprime souvent à son insu. Ainsi pour le procureur de la République Michel Bréard qui, par maladresse et en voulant bien faire, n'a pu résister au désir de donner une explication du sinistre trois jours après, alors qu'il n'en connaissait pas la cause. Parfois, ce sont les qualités d'une personne qui se révèlent alors que l'on ne les aurait pas devinées. Ou bien les défauts d'un personnage laissent présager ce qui va se passer. Le procureur a rempli son office d'acteur d'un destin qui le dépassait complètement, tout comme dans l'affaire Baudis[1], où il a joué un rôle tragique. Il arrive

1. Au début des années 2000, Dominique Baudis, ancien maire de Toulouse, a été honteusement accusé à

que le *fatum* pèse sur les épaules d'une personne qui n'a pas l'envergure suffisante pour y échapper. Dans le cas d'AZF, il fait faire au procureur ce qui est indispensable pour saccager l'espoir de trouver l'explication d'une énigme. Personnage de tragédie qui ne s'est probablement pas rendu compte de ce qu'il faisait, croyant bien agir dans l'intérêt public, sous l'emprise d'un désir politique compréhensible de fuir l'hypothèse d'un attentat, il en a rendu la recherche et la découverte impossibles. Pis encore, il a laissé définitivement ouverte la porte grinçante de l'incertitude sur cette hypothèse. Un saccage de l'enquête dont le poids pèsera jusqu'au dernier sophisme de la cour d'appel de Paris, arguant qu'on n'a pu trouver du chlore sur les lieux du sinistre, mais qu'il aurait pu y en avoir et donc qu'il y en avait.

Des experts dans l'impasse

Les premiers experts désignés immédiatement par le procureur, MM. Deharo et Van Schendel,

---

tort de turpitudes sexuelles criminelles complètement fantasmatiques, et cette épreuve l'a tué.

étaient complètement largués. Reprenant les prophéties du procureur de la République, ils écrivent le 28 septembre, sept jours après le sinistre, qu'il « résulte de [leurs] constatations et interprétations que l'explosion découle d'une origine accidentelle liée aux mauvaises conditions de stockage et à l'hétérogénéité du nitrate d'ammonium entreposé[1] ».

Mais ces experts sont dans l'impasse. Car si l'attentat est très difficile à réaliser, l'explosion spontanée qui se serait produite selon eux devient vraisemblable. On n'en a pourtant jamais vu en cent ans d'accidentologie du nitrate. Les causes d'une explosion de nitrate sont toujours les mêmes : soit on utilise des explosifs pour démotter des blocs de nitrate inutilisables tels quels (Oppau, 1921[2]) ; soit elle est provoquée par un incendie dans un local confiné, comme une cale de navire (Brest, 28 juillet 1947[3])

---

1. Cote D645 p. 12.

2. En 1921, le site de BASF situé à Oppau (Allemagne) produisait du sulfate d'ammonium, précurseur d'explosifs. Le 21 septembre 1921, une importante explosion dans un silo contenant environ 4 000 tonnes d'un mélange de nitrate et de sulfate d'ammonium fit des centaines de victimes dans la ville.

3. Il s'agit de l'explosion, dans des conditions fortement confinées, d'un mélange très sensible de nitrate d'ammonium et de combustibles liquides transporté par

– ou tout récemment, le 4 août 2020 à Beyrouth, celle d'un stock de 500 tonnes de nitrate à la suite de l'incendie provoqué, selon les informations locales, par celui d'une usine de feux d'artifice voisine. Jamais on n'a vu d'explosion causée par un mélange de nitrate et de chlore ou d'autres produits ! L'hypothèse est purement opportuniste, comme le tribunal semble en avoir tiré une conséquence essentielle : la relaxe.

C'est alors que fin septembre 2001 arrive sur les lieux un autre personnage représentant le *fatum* antique : François Barat, mandaté par la Caisse régionale d'assurance maladie (CRAM) de Bordeaux pour placer des capteurs permettant de détecter la présence d'amiante après l'explosion. C'est le drame du passant qui se trouve tout à coup mêlé à des événements extraordinaires qui le dépassent. Il sera simplement l'instrument du hasard et d'une nécessité – celle pour les experts de trouver « quelque chose » d'accidentel pour expliquer ce sinistre colossal.

---

un cargo norvégien, l'*Ocean Liberty*, qui a provoqué d'importants dégâts à Brest.

Un « expert » de circonstance

M. Barat a connu en 1993 un problème de réaction chimique dans une piscine du centre nautique de Pessac (Gironde), dans laquelle du trichlorure d'azote avait été produit par un contact entre du DCCNa en solution et les restes de produits incompatibles (hypochlorite de calcium). Pas de mélange avec du nitrate mais quand même une très forte réaction chimique suffisant à donner des idées à cet « expert » de circonstance, mais qui n'en est pas un.

M. Barat prend contact avec deux inspectrices du travail, Mmes Graciet et Fournier, missionnées sur ce dossier. Ayant en tête cet incident de piscine à Pessac, il se sent investi d'une « mission ». Et le voilà qui commence à faire une enquête tout seul, sans aucune espèce de mandat judiciaire mais avec l'aide des inspectrices du travail. Grâce à elles, ou à l'occasion de cette « enquête sauvage » qui sera annulée par la chambre d'instruction, M. Barat, expert d'occasion, rencontre les experts judiciaires, MM. Van Schendel et Deharo. François Barat est une sorte de Fabrice Del Dongo qui, au lieu de regarder la bataille de

Waterloo, aurait voulu diriger les grenadiers pour renverser le cours des événements. Le destin le transforme, de simple inspecteur de la CRAM, impatient d'agir, en homme d'expérience qui a déjà connu des événements comparables, même si en réalité ce n'est pas le cas. Sauf dans l'esprit des experts judiciaires, complètement perdus, et qui se rendent bien compte qu'ils ne peuvent pas continuer à expliquer que le nitrate a explosé tout seul. Barat ouvre une piste nouvelle avec son idée de mélange de produits.

Divine surprise, le 4 octobre 2001, M. Barat trouve, pratiquement en même temps que M. D., un membre de la commission d'enquête interne, un sac de DCCNa vide dans le hangar 335 – un seul sac, comme il le confirme à l'audience du tribunal, et non pas plusieurs comme il avait été affirmé. Il échafaude aussitôt une hypothèse d'explosion d'un mélange de nitrate et de DCCNa à partir de ce sac vide. Il sera démontré plus tard que si ce sac – qui n'avait rien à faire là, et qui avait peut-être été abandonné là *après* le sinistre – était vide, c'est parce que son contenu avait été transvasé dans un autre à cause d'une déchirure et ensuite livré au client. Mais quand des gens qui sont dans une situation de grande inquiétude et de vide logique sont mis en face d'une hypothèse qui s'échafaude d'autant plus vite qu'elle est désirable, le destin se noue.

Et il s'est noué le 12 octobre 2001, quand les experts judiciaires ont obtenu du juge d'instruction de leur adjoindre François Barat comme co-expert – alors que celui-ci n'avait aucune espèce de formation, d'expérience, ni de compétence d'expertise judiciaire[1]. Se voyant confier devant un collège d'experts prestigieux la mission de trouver l'explication à l'énigme de la tragédie d'AZF, il est au comble de la satisfaction et du bonheur. Quant au choix des experts principaux, on y reviendra plus loin.

Une particularité de la psychologie humaine est que le succès monte à la tête. Cela arrive à des gens très honorables, nul n'est à l'abri de cet écueil, pas même l'auteur de ces lignes. Cela fait perdre le sens de la réalité dans une sorte d'ivresse du moi qui peut ne durer que le temps de dire quelques

1. Dans la procédure française, les experts judiciaires sont choisis sur une liste agréée par les cours d'appel et la Cour de cassation. Mais des experts *ad hoc* peuvent être choisis par le juge d'instruction sur la demande des parties ou d'autres experts. Il suffit qu'ils prêtent serment.

bêtises, ou pis, parfois, d'en faire quelques-unes. Mais cela peut persister. Et là, on est dans l'« effet retard », avec un œdème durable du moi.

Fort de cette nomination et des expériences menées dans sa cuisine avec des cocottes-minute – comme le disait méchamment un de ses co-experts –, François Barat perd le contact avec la réalité et commet l'irréparable : le mensonge. Aux États-Unis, cela aurait pu entraîner de lourdes sanctions. En France, aucun effet, sinon le rire des magistrats lors de sa comparution devant le tribunal en 2009 – manière polie de manifester leur distance.

La forfaiture de M. Barat

Selon de nouvelles dispositions du Code de procédure pénale, les victimes parties civiles doivent être tenues informées des travaux du juge d'instruction, hors de la présence de la défense. Le plus souvent, ces gestes techniques de procédure, comme la communication d'informations aux parties civiles, sont effectués dans la discrétion. Mais avec l'affaire AZF, l'institution judiciaire jubile. Elle a trouvé l'explication du sinistre et il lui faut faire un show à la mesure de cette affaire. Étant donné la notoriété de la catastrophe industrielle, la plus importante depuis la dernière guerre, et l'incertitude quant aux causes, ou en tout cas les discussions à ce sujet, le Parquet décide d'organiser une séance d'explication pour plus de 500 personnes dans la plus grande salle d'audience de Toulouse.

Nous sommes le 16 mai 2002. Ce jour-là, l'« expert » Barat délivre son explication à l'aide d'un tube dans lequel il place, selon lui, d'un côté du nitrate, de l'autre côté du DCCNa et au milieu un peu d'eau. Au bout de quelques minutes, le tube éclate, et le soir l'explosion de ce tube figurant celle de l'usine fait la une du JT de TF1. On a trouvé l'explication du sinistre ! Un mélange fortuit de DCCNa et de nitrate. L'idée du procureur et des experts était donc juste, et la démonstration est faite devant la France entière. Le responsable est forcément Grande Paroisse, c'est-à-dire Total. Les méchants vont être punis ; la thèse initiale du gouvernement est confirmée ; le procureur de la République, récompensé ; et le destin judiciaire final de cette affaire, scellé.

Mais le malheur est à venir. L'expérience de M. Barat est fausse. Non seulement, il ne s'agissait pas d'une explosion mais d'une surpression, ce qui signifie une puissance faible, insuffisante pour faire davantage que briser le tube. Mais surtout, en janvier 2003, à la demande de la défense, le juge Perriquet organise une confrontation entre l'expert Barat et celui de la défense, Gérard Hecquet, et celui-ci fait remarquer qu'avec le produit (nitrate) présenté comme ayant détoné au contact du chlore pour l'expérience présentée dans la vidéo projetée en juin 2002 aux parties civiles, il n'aurait pas pu y avoir d'explosion. Qu'à tout le moins la teneur en nitrate ne pouvait pas dépasser 0,74 %. M. Barat, comprenant mal cette remarque et croyant que ce chiffre figurait dans son propre rapport, déclare qu'il s'agit d'une faute de frappe, qu'il fallait lire 74 %, et qu'une analyse de l'échantillon en cours confirmera qu'il s'agissait bien principalement de nitrate. Cinq jours plus tard, le collège d'experts principal se solidarise avec son expert improvisé. M. Van Schendel écrit au juge pour lui demander de « noter cette faute de frappe[1] », n'ayant donc pas pris conscience que ce chiffre résulte du calcul de M. Hecquet et n'apparaît nulle part dans le rapport.

1. Cote D3006.

Au bout de près d'un an et après plusieurs relances, la défense apprendra qu'en vérité aucune analyse n'était en cours. Lorsqu'elle eut finalement lieu, elle révéla qu'il y avait moins de 0,1 % de nitrate dans l'échantillon utilisé pour le film censé montrer comment avait explosé l'usine AZF. Le produit utilisé étant composé essentiellement d'urée (*sic*) ayant détonné au contact d'ATCC (acide trichloroisocyanurique), plus puissant !

Très embêtés par cette découverte, les experts judiciaires exposent néanmoins dans leur dernier rapport avant le procès – et ils vont persister jusqu'au bout – qu'il s'agissait bien de nitrate, mais de nitrate impur. Autrement dit, ils soutiennent une contre-vérité flagrante.

Reste à trouver l'explication à ce désordre. Erreur de manipulation ou de retranscription de l'expérience, ou pire ? C'est le pire qui sera démontré et retenu. Interrogé par le juge, M. Barat lui écrit, trois ans après cette « démonstration », qu'il a choisi de mettre d'autres produits dans son tube afin de le faire exploser plus vite pour éviter « à l'audience un temps d'attente trop long et désagréable[1] »...

1. Cote D679-1, lettre du 17 février 2006, dernier paragraphe.

Cette curieuse révélation de la faute délibérée de l'expert, six ans après le sinistre, rencontre une indifférence générale. Convoqué devant le tribunal pour s'expliquer sur les conditions de son intervention et donner les raisons de cette anomalie, l'expert Barat bredouille, se contredit. Le président du tribunal, M. Le Monnyer, sourit, tout comme ses assesseurs. C'est la seule défense de l'institution judiciaire devant ce qui pourrait être qualifié de forfaiture[1].

Convoqué à nouveau à Paris à l'audience de la cour d'appel, après la cassation et le renvoi, M. Barat se fait excuser pour cause de traumatismes familiaux et personnels, selon un des experts, M. Van Schendel. Personne ne bronche, sauf la défense. Mais pour quoi faire ? Un tel cas de figure est si peu envisageable qu'il n'existe dans les textes en France ni possibilité de recours ni jurisprudence. Comment condamner un personnage qui a si bien servi la cause du Parquet, même de la façon la

---

1. Expression ancienne tirée du droit féodal : trahison des devoirs de sa charge. Supprimée du Code pénal, en langage commun elle signifie : mauvaise action en relation avec un manque de rectitude, voire une trahison dans une mission d'intérêt public.

plus maladroite possible, c'est-à-dire en faisant de fausses déclarations et de fausses expériences ?

Un match poursuite/défense

Le deuxième aiguilleur de cette affaire après le Parquet a donc été M. Barat, tombé dans l'oubli depuis. Rien de ce qu'il avait fait n'était grave puisque cela allait dans le bon sens. En dehors de la défense, personne ne s'est fâché. L'énormité de la situation n'a pas même affecté l'autorité des autres experts, qui ont cru s'en tirer en se contentant de manifester à son égard le mépris des grands pour les petits, comme l'a fait M. Géronimi en ironisant sur les travaux scientifiques de M. Barat dans sa cuisine. Le premier recours à une personne extérieure à leur collège a donc été un fiasco pour les experts judiciaires mais ils n'en ont subi aucun préjudice, pas plus que cela n'a représenté un revers pour la poursuite.

En France, dans une affaire judiciaire, il y a deux équipes : la poursuite et la défense. Les experts nommés par le Parquet puis confirmés par le juge d'instruction font de fait partie de la première équipe : celle des défenseurs de l'État, de l'ordre public, de la science officielle, à savoir l'accusation. L'autre, celle des avocats, ne s'attache, avec acharnement, qu'à la défense des personnes soupçonnées, donc déjà coupables ou en tout cas présentées comme telles par les médias. *La Dépêche du Midi* a même été jusqu'à qualifier AZF d'usine poubelle. Interrogés sur ce terme à l'audience publique du tribunal, les experts reconnaîtront que celui-ci était inapproprié...

Mais, plus symptomatique, lors des débats devant le tribunal et sur un point technique important, les experts reconnaissent leur erreur dans ces termes : « Nous avons perdu un point, déclare M. Van Schendel, mais nous n'avons pas perdu le match. » Comme s'il s'agissait avec cette expertise d'un match entre le Parquet, les parties civiles et les experts d'un côté, la défense de l'autre. Deux équipes opposées pour qui la recherche de la vérité n'est que le ballon dans lequel shootent les uns ou les autres, à moins que ce ne soit la tête du prévenu.

De la forfaiture à la métaphore

Toujours est-il qu'après l'épisode Barat, l'expertise se trouvait handicapée. On n'avait toujours pas la moindre démonstration de la possibilité d'une explosion d'un mélange de nitrate et de DCCNa. On savait que ces deux produits étaient incompatibles et généraient des effervescences, voire de petites réactions explosives lorsqu'ils se trouvaient en contact en solution, par exemple dans une pompe de l'usine ou dans ses caniveaux, mais on ignorait si le mélange pouvait être beaucoup plus puissamment explosif. C'est pourquoi le collège d'experts, on l'a vu, a confié à M. Bergues, au Gramat, le soin de le démontrer par une expérience convaincante. Ce à quoi il s'est attelé à partir de 2003, au centre d'essais de la Direction générale de l'armement.

Et c'est ainsi qu'après 23 expériences infructueuses, cet homme sans diplôme particulier, mais dont l'expérience lui avait permis d'accéder à des responsabilités au sein de cet organisme, a fini par en tenter une vingt-quatrième, devenue la base de la poursuite et qui a été considérée par la cour d'appel de Paris, en 2017, comme une hypothèse de représentation de la réalité – ce qui n'est pas une preuve mais une métaphore. Il est vrai qu'entre le côté spectaculaire d'une explosion – quelle que soit sa puissance virtuelle – et ses conséquences réelles, il y a une grande marge.

Il est vrai aussi que, sur le plan simplement logique, cette expérience 24 était complètement farfelue. L'expert, ayant recherché les conditions théoriques pour provoquer une réaction, a ajusté les paramètres afin d'y parvenir et de la maximiser. Au regard d'une vérité concrète possible, ce n'était pas du tout transposable, lui ont objecté les experts de Grande Paroisse à l'audience du tribunal : le DCCNa resté quarante-huit heures à l'air libre sur le tas dans la benne se serait décomposé. Son déversement sur un sol détrempé n'aurait rien produit non plus. Quel que soit le cas de figure, il était impossible que ça explose. Si le DCCNa avait été mêlé au tas de nitrate de la benne – nouvelle hypothèse des experts judiciaires évoquée *in extremis* à l'audience pour répondre à l'objection –, il aurait fallu vérifier ce qu'il advenait par une vingt-cinquième expérience.

Celle-ci n'a jamais eu lieu, parce que l'hypothèse ne tenait pas plus que les précédentes. On l'a déjà dit, certes, mais c'est tellement illogique et invraisemblable qu'il faut le répéter.

5

La double explosion, une hypothèse mal aimée

Restait une autre piste d'investigation pour le juge d'instruction : l'existence de deux explosions. Ce sujet a lui aussi été obscurci d'emblée par dogmatisme. Qu'une centaine de personnes aient entendu deux explosions venait contredire la thèse officielle – mais en quoi ? Même des psys de la cellule psychologique d'urgence affirmaient à ceux qui disaient avoir entendu deux explosions qu'il n'y en avait eu qu'une seule. On objectera que, si selon certains scientifiques l'explosion était unique, prendre en compte des témoignages et des idées contraires et les laisser se développer était dangereux. Mais pour d'autres, comme la défense, l'existence d'une deuxième explosion pouvait aider à trouver une explication au sinistre.

Des témoignages négligés

Le juge d'instruction Thierry Perriquet a été exemplaire. Pendant dix-huit mois, il a recueilli une soixantaine de témoignages parmi les plus saillants et procédé lui-même sur les lieux ou dans son cabinet à l'audition de ceux qui avaient vu deux sources de fumée ou entendu deux explosions. La difficulté tenait au fait que, même dans le cas d'une explosion unique, les manifestations de celle-ci sont doubles car il existe une onde sismique et une onde acoustique, l'onde sismique étant plus rapide que l'onde acoustique. C'est pourquoi on pouvait dire que si de très nombreux témoins avaient entendu deux explosions, en réalité il s'agissait des deux manifestations de la même. On aurait pu en rester à cette analyse.

Mais, en affinant la réflexion scientifique, il apparaît que, dans certaines conditions de puissantes explosions, à une distance de quelques centaines de mètres (environ 630 au maximum), onde sismique et onde acoustique se mêlent au point qu'un seul bruit est perçu. Or, précisément, là où l'explosion aurait dû être entendue comme unique, des témoins en avaient entendu deux.

Ainsi, Mme R., ingénieure informatique, au rez-de-chaussée de l'immeuble de direction de l'usine, à 450 mètres du 221, entend distinctement deux explosions, alors que selon les experts elle aurait dû n'en entendre qu'une. La première lui fait tellement peur qu'elle bondit hors de son bureau en se cognant pour fuir vers le bout du couloir où elle se jette dans les bras de M. H., agent de maîtrise, au moment de la deuxième. Deuxième explosion confirmée par M. B., leur chef de service. Lors de la reconstitution du 18 mars 2004, les témoins ont refait leurs gestes et leur parcours et le juge d'instruction a chronométré quatorze secondes entre les deux explosions, ce qui est conforme aux déclarations des uns et des autres[1].

L'ensemble de ces témoignages a été discuté en tenant compte d'une théorie générale, qui est celle de l'absence de fiabilité de ce que voient et racontent les témoins dans une circonstance traumatique. Néanmoins, comme le fait la défense, on peut retirer de quelques témoignages, notamment celui de

1. Cote 5949 du dossier : distance de 441 mètres ; arrivée de l'onde sismique : 0,22 seconde ; arrivée de l'onde acoustique : 0,94 seconde. Soit 0,72 seconde de décalage. On est loin des 14 secondes de la reconstitution.

Mme R., la conviction qu'il y a eu au moins deux explosions. Pour ce qui est de leur cause, c'est une autre question. Ce n'est pas parce qu'il y a eu deux explosions plutôt qu'une que l'on connaît l'origine de celle qui a causé la destruction de l'usine...

Quant aux parties civiles, elles ont contesté vigoureusement la thèse de la double explosion. En quoi les gênait-elle ? C'est incompréhensible.

Le juge d'instruction a très honnêtement et très longuement fait ce qu'il pouvait pour essayer d'y comprendre quelque chose. Et la défense, malgré le temps qu'elle y avait passé, a abandonné l'approfondissement de cette piste, faute de la voir déboucher sur une explication du sinistre. Vient un moment, en effet, dans les dossiers, où il faut savoir renoncer à élucider un élément de vérité qui paraît évident mais dont les conséquences ne le sont pas. Ce fut une décision sage mais extrêmement frustrante pour la défense.

La thèse de phénomènes précurseurs lumineux ou acoustiques a été abandonnée malgré tous les témoignages saillants et crédibles. Ainsi, celui d'un ancien artificier d'EDF, M. M., qui, à une distance de deux kilomètres du site, a vu clairement deux sources lumineuses de deux explosions différentes, ainsi qu'il l'a montré sur place au juge et à la défense. De même qu'un automobiliste qui, sur l'autoroute, a vu le ciel s'embraser de plusieurs faisceaux lumineux, ou ceux chez qui il y a eu une panne d'électricité au moment du sinistre. Et encore une fois le témoignage de Mme R., excellent par la précision, le sang-froid, le calme, qui ressortent de son récit… Sans que l'on puisse en tirer d'explication du sinistre. Est-ce pour cela que le tribunal a rejeté tous ces témoignages, sans même analyser celui de Mme R. ?

Quoi qu'il en soit, lors de la première audience publique où allaient être abordées ces questions, le tribunal a fait circuler un ouvrage sur la relativité des témoignages humains, donnant clairement le sentiment que, pour lui, cette partie du dossier avait peu d'intérêt. Les experts judiciaires ont même fait valoir que Mme R. devait être un peu dérangée puisqu'elle avait cru apercevoir sa fille dans l'embrasure de la porte démolie par la première explosion, alors que beaucoup estiment que cette vision, fréquente dans les expériences de mort imminente, aurait parfaitement pu avoir été provoquée par la frayeur causée par la première explosion. Toujours est-il enfin que, compte tenu de la distance entre le bâtiment où était situé le bureau de Mme R. et le cratère, le délai qu'elle a noté (une dizaine de secondes entre les deux explosions) ne correspond pas au décalage de 0,72 seconde entre l'arrivée de l'onde sismique et celle de l'onde acoustique attendue à 441 mètres du cratère.

Hypothèses et spéculations

Si l'on avait voulu s'arrêter sur l'hypothèse d'une double explosion, qu'en serait-il résulté ? Les spéculations sont multiples.

Dans l'hypothèse de l'explosion de nitrocellulose enfouie sous le sol du hangar 221 (comme ce fut le cas dans le sol de l'usine de cartonnage Saica Pack, à 1,2 kilomètre, en décembre 2011), on pourrait supposer que la première serait celle de la nitrocellulose enfouie et la seconde celle du tas de nitrate. C'est une spéculation intelligente mais sans preuves.

De même, dans l'hypothèse d'un attentat, on pourrait imaginer deux détonateurs placés dans deux endroits, le premier choc n'ayant pas entraîné l'explosion de la totalité du tas, ce qui est difficilement envisageable mais pas impossible.

Certains ont aussi imaginé qu'un sinistre était arrivé à la SNPE (l'usine de poudres, d'explosifs et de carburants de fusée). Mme D., une enseignante d'éducation physique qui était en train de faire son parcours au golf de Vieille-Toulouse, rapporte que, arrivée au trou numéro 4, regardant en face d'elle dans la direction de la SNPE et non d'AZF, elle a vu apparaître une fumée et entendu un son au pied des cheminées de la SNPE. Lors de la reconstitution sur le terrain, la première expérience pyrotechnique des experts a été un échec : le témoin n'a rien vu de leur tir de fusées. Et ce pour la bonne raison que, tandis qu'elle regardait dans la direction où elle avait vu quelque chose se produire, en bas des cheminées de la SNPE, les experts ont tiré leurs fusées hors de son champ visuel, à gauche, à partir du site AZF, pour ne pas risquer de sortir du dogme de l'accusation.

Lors d'un déplacement de justice des juges et des avocats dans des sous-sols de la SNPE, nous sommes même allés constater qu'il n'y avait rien de visible. Parmi les mis en examen, certains ont pensé qu'il pouvait y avoir eu une fuite d'hydrazine à la SNPE peu avant le sinistre, fuite qui aurait entraîné l'explosion des 300 tonnes de nitrate du hangar 221 d'AZF. L'hydrazine est un gaz servant à la fabrication du carburant des fusées.

À partir du constat de quelque chose qui semble réel – les deux explosions –, ce ne sont qu'hypothèses et spéculations sur leurs causes et leurs conséquences. C'est pourquoi la défense et le juge d'instruction ont renoncé à trouver une cause certaine dans cette direction faute de perspective d'y parvenir. Abandonner une recherche sur un élément ne pouvant être décisif faute de pouvoir être interprété mène à une attitude de scepticisme général et oblige à se concentrer sur les preuves certaines. C'est ce que le tribunal a raisonnablement choisi de faire d'entrée de jeu.

Mais avoir renoncé à trouver les causes de désordres qui ont réellement été observés et entendus rend d'autant plus exigeant. Pour condamner un homme et une société pour homicide involontaire, il faut des preuves. Si l'accusation se fondait sur l'hypothèse d'un accident chimique, il fallait au moins en apporter les preuves.

D'où le raisonnement très simple du tribunal : sans preuves, pas de condamnation. La relaxe s'imposait.

6

L'absence de preuves et la relaxe

Le 19 novembre 2009, sous la présidence de M. Thomas Le Monnyer, l'audience de la chambre correctionnelle du tribunal de grande instance de Toulouse commence à 14 heures. Le président a mauvaise mine. Certains disent même qu'il est tout vert. Personnage au caractère affirmé, bon juriste, il passe dans la région toulousaine pour être « de gauche » parce que, en tant que président de la chambre sociale de la cour d'appel, il aurait jugé beaucoup plus souvent coupables les patrons que les employés. Personnalité assez rare dans le monde judiciaire, il allie un sens de l'humour discrètement dissimulé à une puissance de travail qui décourage nombre d'avocats et qui donne à ceux qui ont beaucoup travaillé le sentiment qu'ils ne sont pas tout seuls. C'est sans doute la raison pour laquelle ces derniers ressentent une certaine solidarité avec lui. Jeune (la quarantaine), apparemment dépourvu d'ambition mondaine ou hiérarchique, il est passionné par le travail qu'il a choisi d'accomplir après le désistement d'un autre magistrat de Toulouse qui avait trouvé la tâche trop énorme, d'autant que cela supposait d'être en parfaite forme physique.

Un jugement fondé sur l'absence de preuves

Le jour où le jugement doit être rendu, il lui faut près d'une heure et demie pour le lire avant d'arriver à la sentence. Jean Veil, que j'ai proposé pour la défense de Thierry Desmarest, avait pronostiqué : « S'il nous étrille pendant une heure et quart, on sera peut-être relaxés. S'il nous ménage pendant le même temps, on sera sûrement condamnés. » Cette boutade résumait bien une idée partagée par nombre de confrères, d'expérience.

Dans son jugement, après avoir quand même rendu hommage à l'action de la défense, qui a pu éviter aux experts de se fourvoyer dans des impasses regrettables, il nous étrille complètement, nous les avocats de la défense. La critique est impitoyable. Nous avons même, dit-il, essayé de tromper le juge d'instruction en faisant des expériences concurrentes à celles des experts et accomplies de mauvaise foi (ce qui se révélera complètement inexact).

Le tribunal commence par critiquer le principe de la défense commune de Serge Biechlin, le directeur de l'usine AZF, et de Grande Paroisse, la société propriétaire du site. Pourquoi ne pas avoir pris des avocats distincts ? Il a même fallu une attestation du bâtonnier de Paris expliquant que les circonstances de l'affaire justifiaient parfaitement le choix d'une défense unique. Mais le tribunal n'en a cure et se lance dans une diatribe contre la défense. Dans son flot de critiques acerbes : l'organisation de l'usine, l'insuffisance de la commission d'enquête interne, qui se serait montrée complaisante, aurait déposé un rapport presque délibérément erroné à la DRIRE, et après la fin de ses travaux a délégué deux de ses membres pour aider la défense – ce qui en soi est parfaitement légitime : mieux vaut s'adresser à des gens qui connaissent la question qu'à des ignorants. Tout y passe : le prétendu racisme (appelons les choses par leur nom) de la défense, qui a essayé d'orienter les recherches de l'enquête sur l'attentat vers des suspects à patronyme arabe. Pas un seul petit morceau de mouche ou de vermisseau fabriqué par la défense n'échappe à sa censure brutale, ironique, ravageuse et inutilement injuste. Au bout de près d'une heure et demie de ce traitement, l'affaire semble jouée pour les pessimistes tandis que les optimistes se disent que cela va trop loin pour que ça ne se termine pas par une relaxe.

Mais, dans cette avalanche acerbe, soudain un clignotant attire l'attention : « Le juge doit nécessairement vérifier l'existence d'un lien de causalité entre la faute et le dommage, lien dont le caractère certain doit être démontré pour justifier les poursuites. »

Et d'ajouter : « Le droit pénal est un droit qui s'interprète strictement. Il s'agit là d'un pilier de notre démocratie. »

On n'a jamais rien lu de tel dans un jugement de condamnation, voire de relaxe. Le style annonce la suite : « Pour autant et pour parvenir à la détonation des tas de nitrate, cet enchaînement de fautes ou dérives organisationnelles de circonstances conjoncturelles impose la preuve que du DCCNa se trouvait dans la benne blanche. »

Nous savons que cette benne a disparu ou plus exactement n'a jamais été identifiée. Cet élément matériel aurait permis de savoir si, oui ou non, il y avait eu du DCCNa sur place – et, comme le dit le tribunal, ce n'est pas l'expérience 24, malgré ses qualités ou ses défauts, qui peut en produire. Des quelques centaines de kilos de nitrate que M. F. aurait balayés et auxquels aurait été mêlé 1,5 kilo de balayures de DCCNa, jetées sur le tas selon une hypothèse, enfouies dedans selon une autre de dernière minute, l'explosion ayant tout disséminé, il a été impossible d'en découvrir sur les lieux : l'analyse du sol par les experts judiciaires du laboratoire de chimie agro-industrielle[1] désignés par le juge d'instruction est revenue négative. Il ne reste donc que la benne contenant le mélange : or, cette benne n'a jamais été trouvée, ni même recherchée d'ailleurs, sinon tardivement, par la PJ.

Comme l'explique le tribunal : « L'ampleur de la catastrophe a effacé toutes traces du composé qui a initié l'explosion – l'absence de toute

1. Le laboratoire de chimie agro-industrielle du Catar-Critt de Toulouse, au sein de l'INRAE.

communication et de coordination entre la CEI [commission d'enquête interne] et la PJ au lendemain de la catastrophe, et de la PJ avec les professionnels du monde industriel que sont les inspecteurs de l'IGE [Inspection générale de l'environnement] et de l'INERIS [Institut national de l'environnement industriel et des risques] et les inspectrices du travail, cette dernière situation étant exclusivement imputable à l'institution judiciaire [...], rendait illusoire la capacité de la juridiction d'instruction à établir *de manière certaine* la présence de DCCNa dans la benne. »

L'optimisme commence à se répandre sur les bancs de la défense. « La juridiction [le tribunal] estime que l'hypothétique mise en œuvre d'un explosif ne pouvant être exclue, le tribunal ne peut envisager, comme le lui propose une partie civile, de raisonner par défaut ; il s'agirait davantage en l'espèce de raisonnement en termes de degré de probabilité : le tribunal, tenu de constater le caractère *certain* du lien de causalité, ne peut asseoir une décision de condamnation sur une appréciation du degré de probabilité entre deux hypothèses, l'une intentionnelle, faible [l'attentat], et l'autre forte, fondée sur un accident chimique. »

La défense se demande s'il ne s'agit pas d'un dernier tour de valse intellectuel avant d'assommer le patient une fois pour toutes. Mais non.

« Il ne saurait davantage être fait application d'une présomption qui consiste à tirer parti de l'incapacité de l'exploitant à justifier son obligation de maîtrise pour considérer que les circonstances précises de l'initiation seraient indifférentes : la loi ne prévoit pas une telle présomption. »

Autrement dit la loi ne considère pas comme coupables les prévenus qui n'ont pas cherché ou trouvé la cause du sinistre, ce qui est le travail de la PJ. Mais cela n'empêchera pas la cour d'appel de juger le contraire en considérant que c'est de leur faute si cette cause n'a pas été trouvée.

Le tribunal poursuit :

« Enfin, la notion de faisceaux d'indices ne peut trouver application en ce domaine. En effet, en l'absence d'éléments intentionnels de telles infractions, tout raisonnement déductif fondé sur les indices (un opérateur déclare avoir senti une odeur de chlore dans le bâtiment 335, la découverte du sac de DCCNa non décontaminé dans ce local, la présence d'ions chlorure dans un sac d'acide cyanurique, la coïncidence du temps de mise en détonation du tir 24 – vingt minutes – et du temps approximatif séparant le vidage de la benne de l'explosion du 221) ne serait en mesure que d'établir une possibilité, probabilité d'un fait, et non une certitude.

« Dans la mesure où la piste intentionnelle implique nécessairement l'hypothétique responsabilité d'un tiers, on ne peut raisonner en faisant abstraction de l'initiation de la cause de la catastrophe. En toute hypothèse, les dysfonctionnements retenus ailleurs par le magistrat instructeur et par certaines parties civiles ne sont pas en lien de causalité avec la survenance de l'explosion du tas NA [nitrate d'ammonium] du 221…

« Sur le plan pénal, le juge répressif requiert, pour se prononcer positivement, la preuve de la présence du DCCNa dans la benne et considère que l'on ne peut déduire cette présence de la réussite des expérimentations menées par M. Bergues, ni du faisceau d'indices mis au jour par le dossier […].

« Ces éléments conduisent le tribunal à juger le lien de causalité incertain […].

« D'une manière générale, il faut se rendre à l'évidence. L'ampleur de la catastrophe et l'hétérogénéité des milieux (contenu de la benne, sol du box, atmosphère, etc.) ne pouvaient pas permettre aux scientifiques de répondre à toutes les interrogations.

« Et finalement, aucune mesure ne pouvant éclairer le tribunal sur la composition de la benne, il y a lieu de considérer qu'aucun acte d'information ne permettrait d'apprécier différemment les faits reprochés à la SA GP [Grande Paroisse] et à M. Biechlin. En conclusion, le tribunal prononce la relaxe au bénéfice de M. Biechlin et de la société Grande Paroisse. »

Le jugement est du droit pénal d'interprétation stricte.

« Une maladresse procédurale »

À ceci la défense pourrait ajouter que, compte tenu de la puissance relativement faible de l'explosion dans l'expérience 24, il aurait été impossible de faire exploser autre chose qu'une partie des tas à proximité immédiate de l'explosion dans le box du 221. Ces derniers coups de boutoir de la défense ont été portés par son expert, Michel Lefebvre (un des experts belges qui seront chargés de l'attentat de l'aéroport de Bruxelles en 2016). L'expertise judiciaire officielle, qui ne reposait que sur cette expérience 24, était au bout du compte si fragile que les parties civiles en sont presque arrivées à l'abandonner et que la cour de Paris, on l'a vu, finira par la considérer comme une métaphore.

Sans doute cette faiblesse explique-t-elle qu'on ait assisté devant la cour d'appel de Paris à une situation aberrante : l'alliance de l'expert Bergues avec un témoin de l'accusation, M. P., auteur d'une théorie sans effet sur l'explication du sinistre, pour rédiger un « rapport » commun qu'ils ont déposé près la cour d'appel via le Parquet de Paris trois semaines avant la fin des quatre mois de débats. On n'a jamais vu, dans les annales judiciaires, un témoin cité par l'accusation se rapprocher d'un expert judiciaire ou être approché par lui, sous l'égide supposée du Parquet, pour venir au secours d'une accusation en voie de s'évanouir. Or, c'est parce que l'expérience 24 à la base de la procédure de renvoi devant le tribunal s'est révélée farfelue que, dans un geste désespéré, l'expert judiciaire a signé avec ce témoin de l'accusation un « rapport » contredisant des affirmations de base de l'expérience 24 – ce que la cour d'appel de Paris qualifiera de « maladresse procédurale ».

Ce nouveau « rapport » remet en cause la surface nécessaire pour le déversement du DCCNa et du nitrate en la diminuant de moitié. Alors même que la défense avait été vigoureusement critiquée par le tribunal pour avoir essayé sans succès de reproduire l'explosion sur une surface de 20 × 20 centimètres, MM. P. et Bergues considèrent maintenant que 15 × 15 suffisent, parce que c'est plus pratique pour d'autres raisons de leur « démonstration ». Ils placent désormais le 1,5 kilo de DCCNa *au milieu* du tas contenu dans la benne litigieuse, et non *sur* le tas, ce qui avait fondé l'expérience 24. Et cela au mépris de tout bon sens puisqu'on voit mal un ouvrier s'arrêter de pelleter du nitrate pour balayer du DCCNa et l'enfouir au milieu du tas de la benne avant de le recouvrir du reste du nitrate pelleté. L'expérience 24 était fondée sur le fait que la puissance de l'explosion dans le box aurait permis de faire détoner les tas de nitrate voisins puis déterminé la puissance colossale de celle qui est survenue dans le hangar 221. Voilà que dans ce « rapport » il n'est plus besoin de cette hypothèse puisque les mesures de pression, donc de puissance, de l'explosion ont disparu dans les nouvelles spéculations des deux « experts ».

Ce « rapport » P.-Bergues, ne contenant aucun élément à l'appui de l'accusation, ne fait que semer la confusion et aggraver le cas de l'expérience 24, déjà mal en point.

Cette initiative, cette « maladresse procédurale » selon la cour de Paris, vient donc achever ce qui restait de l'accusation, laquelle reposait sur cette expérience 24. Expérience qui, encore une fois, avait pourtant déterminé le juge d'instruction à renvoyer l'affaire devant le tribunal, après un changement d'avis de la chambre d'instruction à cause de ce rapport, mais qui n'a pas convaincu le tribunal.

Un exemple de configuration

La cour d'appel de Paris ne semble pas avoir été davantage convaincue. Pourtant, par un de ces sophismes comme on en trouvera d'autres dans sa décision, elle condamne quand même : « Il convient de rappeler que le tir 24 n'a pas été présenté par les experts comme figurant les conditions réelles, ceux-ci ayant indiqué avoir défini leur protocole expérimental à partir du retour d'expérience des essais précédents et de l'étude des pièces de la procédure. Les paramètres retenus : teneur en eau des produits, ordre d'arrivée des produits, inclinaison des couches des produits, *devraient* être les plus proches de ceux ayant concouru à la survenance du sinistre. »

Où est la certitude exigée par la loi ?

En d'autres termes, l'expérience 24 n'est pas probante mais on s'en fiche ! Les experts à l'audience ont d'ailleurs toujours rappelé qu'ils ne connaissaient pas tous les paramètres de composition de cette benne. Ainsi, Didier Bergues indiquait devant la cour : « *Il est probable* que dans la benne il y a eu des mélanges de NAI [nitrate d'ammonium industriel] et de DCCNa. La benne a subi des secousses. Le tir 24 est un exemple de configuration. »

Un *exemple* de configuration ! Et avec ça, on condamne ! pourrait-on se dire. De qui se moque-t-on ? « [Les experts] ont été contraints, à partir des éléments acquis au dossier, de tenter un certain nombre de configurations. Le reproche fait aux experts d'avoir recherché à tout prix une détonation pour proposer au juge d'instruction une explication aux mêmes mécanismes de l'explosion n'est pas fondé. »

Mais qu'est-ce qui est fondé ? Autrement dit, la cour affirme : « C'est vrai parce que c'est moi qui vous le dis. »

Sur ce chapitre de l'expertise, nous constatons donc, répétons-le :

– que l'expert Barat a présenté une fausse expérience dans la salle Minerve, devant plus de 500 personnes, à Toulouse en juin 2012, en mettant dans un tube expérimental non pas du nitrate et du DCCNa mais de l'urée et de l'ATCC[1]. Il a mis trois ans à le reconnaître. Il ne s'agit pas d'une « erreur » selon la cour, mais un tel acte dans un autre pays aurait conduit l'expert devant un tribunal pénal ;

– que sur la base des hypothèses de M. Barat, le collège des experts constitué de MM. Géronimi, Calisti, Van Schendel, Deharo, a construit l'hypothèse du déversement de 500 kilos de DCCNa sur un tas de nitrate générant l'explosion. Cette hypothèse a été taillée en pièces et ridiculisée par la reconstitution d'octobre 2002. Il a fallu attendre seize ans pour

1. ATCC, acide trichloroisocyanurique, le chlore lent pour les piscines.

qu'à l'audience publique de la cour d'appel de Paris, M. Géronimi reconnaisse qu'il n'était pas possible de confondre ces deux produits et qu'« on s'est trompé ».

Donc :

1. une expérience faussée qualifiée d'erreur par la cour d'appel de Paris pour démarrer ;

2. une erreur sur la confusion des produits reconnue au bout de seize ans par l'expert principal ;

3. un changement de fusil d'épaule des experts qui transforment 500 kilos de DCCNa en 1,5 kilo pour que ce ne soit pas irrespirable afin de fabriquer une explosion à partir d'un « sandwich » improbable constitué d'une couche de nitrate détrempé (on ne sait comment), sur laquelle est déversée une couche de DCCNa sorti d'une benne en premier puis une autre couche de 500 kilos de nitrate sec par la suite ;

4. une volte-face encore des experts qui, réalisant la sottise de leur hypothèse, la remplacent par une autre, ni vérifiée ni expérimentée, situant finalement (!) le DCCNa au milieu de la benne. Et celle-ci se serait déversée d'un seul coup et non plus en deux fois, et le produit serait tombé sur

ce sol humide du fait de l'infiltration d'une eau dont on ignore toujours l'origine, et détrempé de nitrate;

5. l'effondrement de l'expérience 24 motivant pourtant le renvoi de l'affaire devant le tribunal et dont est finalement saisie la cour de Paris après : et on assiste à une tentative de la rattraper par un « rapport » insensé, produit de la collaboration d'un expert judiciaire et d'un témoin de l'accusation, M. P., improvisée à la fin de l'audience de Paris. Mais cela détruit l'expérience au lieu de la sauver;

6. et, en désespoir de cause, l'arrêt de la cour d'appel de Paris qui considère que cette expérience 24 n'est « qu'un exemple de configuration », autrement dit rien du tout, rien qui serait susceptible de fonder une prévention et une condamnation.

7. pas de chlore non plus, alors qu'il en aurait fallu pour qu'il y ait une explosion.

« À Toulouse, tout a explosé, sauf la vérité ! » a titré *Charlie Hebdo*, offrant l'illustration la plus juste de cette expertise avec un humour macabre mais parfaitement légitime et bien représentatif de la réalité.

Voilà comment, en France, aujourd'hui, on a traité la plus grande catastrophe industrielle de l'après-guerre. Le naufrage de la justice est patent. D'où la nécessité d'une réflexion de fond pour tenter de dégager les leçons d'événements qui ne devraient sous aucun prétexte pouvoir se reproduire. Tel est aussi le but de ce livre.

7

Le hasard et la nécessité

« À Paris, ils veulent un accident. Ils auront un accident. » Fermement contestés par l'intéressé, le directeur de l'enquête, ces propos ont été confirmés par des témoins. Paris préférait forcément un accident à un attentat. Et tout ce qui pouvait aller dans ce sens était bienvenu. C'était une hypothèse prudemment formulée par le Premier ministre lui-même Lionel Jospin dès le 21 septembre, par un réflexe politique normal et légitime de protection de l'ordre public et afin d'éviter la panique qu'aurait provoquée la répétition des attentats du World Trade Center.

Il fallait trouver les instruments susceptibles de favoriser cette hypothèse. Il y en a eu deux : le procureur, d'abord, puis « l'expert » Barat. Le premier qui a fait une boulette en fin de cocktail après sa conférence de presse en répondant à une jeune journaliste autre chose que ce qu'il avait commencé à dire avant le buffet. Le deuxième, quasiment un personnage de roman, François Barat, tombé du ciel bordelais, qui n'était pas chargé de trouver les causes du sinistre mais qui fut à ce moment-là un instrument privilégié du destin. Alors que tous les experts nommés par le procureur dans cette première semaine de l'enquête étaient dans la confusion, il est arrivé avec la lumière. Revenons sur cet épisode.

La nécessité d'une explication

La cause, selon M. Barat ? Un mélange de nitrate avec le DCCNa. Comme cela arrive souvent, il faisait une vérité de la transposition de ses connaissances pour avoir observé dans une piscine une réaction forte lors du mélange de restes de produits destinés à la désinfection et de DCCNa.

Les experts judiciaires pataugeaient, ne savaient plus où ils en étaient, parlaient d'autoinflammation du nitrate, de la décomposition d'un animal crevé, d'une explosion dans l'épicentre du tas principal du hangar 221. Et voilà qu'un passant candide, sans mandat de quiconque et faisant par hasard une visite, découvre un sac de chlore éventré vide dans le hangar 335, dit « demi-grand ». Il échafaude alors une théorie dont l'expertise puis la cour d'appel de Paris vont se nourrir jusqu'à l'absurde. Devenu roi du monde, en tout cas héros du jour, de passant il devient expert auprès de MM. Géronimi, Calisti, Deharo, Van Schendel, qui, dès le 12 octobre 2001, demandent au juge d'instruction de le désigner co-expert, ce dont ils finiront par se mordre les doigts.

François Barat incarnait le destin de cette affaire judiciaire amorcée par la boulette d'un magistrat du Parquet et développée grâce aux fixations de cet homme se sentant investi d'une mission sacrée au point de s'appuyer sur une fausse expérience d'explosion dans un tube dépourvu de tout DCCNa et de tout nitrate.

C'est à partir de lui que s'est échafaudée la thèse invraisemblable d'un mélange de chlore et de nitrate, cause de l'explosion. Mais la nécessité de trouver une explication l'a rendu célèbre, sans doute à son corps défendant. Ses co-experts, un peu balourds, ont alors commencé à parler d'un déversement de quelques centaines de kilos de DCCNa sur le tas de nitrate. Cela montre combien les experts judiciaires officiels étaient accrochés à la nécessité de trouver une explication, quitte à reconnaître devant la cour d'appel de Paris, seize ans plus tard, qu'ils s'étaient « trompés ».

Mais reconnaître au bout de seize ans qu'« on s'est trompé » ne répare pas les dégâts provoqués, notamment pour l'honneur des treize personnes mises en examen dès la parution du rapport des experts.

Le procureur a eu recours à la garde à vue comme instrument de contrainte – ce qui est trop souvent le cas – afin de forcer les choses pour faire avouer une vérité qui n'existe pas à des gens qui n'y sont pour rien. La méthode est classique : je mets le lampiste en garde à vue, j'attends qu'il crache sur ceux qui sont au-dessus de lui, qui doivent en faire autant en crachant plus haut. Cela aurait pu se terminer par un directeur d'usine crachant sur le préfet. Le destin eût été accompli. Mais, semble-t-il parce que la défense avait expliqué aux ouvriers et cadres intéressés qu'ils étaient libres de parler ou de ne pas parler, ces gardes à vue n'ont rien donné du tout. Les salariés n'étaient pas prêts à inventer quelque chose pour soutenir une thèse dont ils ne connaissaient rien et sur laquelle ils n'avaient aucune information. Certains d'entre eux ont campé toute la nuit devant l'hôtel de police pour faire une haie d'honneur à leur directeur, Serge Biechlin, à son entrée en garde à vue et l'applaudir.

Pourtant, treize d'entre eux ont été mis en examen avec un contrôle judiciaire infamant (interdiction de se parler, restrictions de travail, confiscation du passeport). Une méthode habituelle : quand l'affaire est faible et la poursuite branlante, les conditions de la mise en examen sont le plus infamantes possible afin d'asseoir l'autorité de la poursuite, sa magnitude, et de lui donner une crédibilité qu'elle ne posséderait pas naturellement.

Un cirque médiatico-judiciaire

À l'automne 2002, Thierry Perriquet, nouveau juge d'instruction, jette un œil froid sur ces événements. Un honnête homme, compétent, pourrait-on dire simplement. Il commence par avaler la théorie des experts judiciaires, mais quand, rencontrant pour la première fois les avocats qui doutent, ceux-ci lui proposent d'apporter du chlore (DCCNa) et du nitrate dans son bureau, il trouve plus intelligent de faire faire lui-même une reconstitution qui donnera le résultat grotesque déjà décrit. Il est le premier à mettre un principe de réalité dans ce foutoir à fantasmes. Personne – si ce n'est *Charlie Hebdo* – n'en a vraiment parlé, car l'énorme tsunami médiatique avait déjà accompli son œuvre dévastatrice. Le schéma de Barat et des experts était parfait. Total, la plus grosse société française, était forcément coupable ; l'usine, une poubelle ; et ses ouvriers, des incompétents. Et on a même entendu un ancien responsable fédéral de la CGT, Thierry Lepaon, expliquer à Jean-Pierre Elkabbach à la télévision que l'accident s'est produit parce que M. F., l'ouvrier manipulant les produits, étant illettré, ne savait pas lire ce qui était écrit sur les sacs – ce que l'intéressé a très mal pris.

La décision de reconstitution qui aura lieu en octobre 2002 donne un coup d'arrêt à ce cirque médiatico-judiciaire. Le juge d'instruction est en mesure d'essayer de trouver une solution à l'énigme, en faisant une certaine confiance à la défense pendant toute la durée de l'instruction – en tout cas jusqu'à l'expérience 24 dont on sait aujourd'hui qu'elle n'avait pas la moindre valeur.

La défense va même jusqu'à poser la question : « Nous avons le sentiment que vous ne savez plus ce qui s'est passé. » Sans que le juge acquiesce formellement, la défense comprend que c'est exact. Mais à la question plus importante encore pour nous, que nous posons au juge d'instruction : « Est-ce que vous savez que nous ne savons pas ? », sa réponse est : « Oui, je sais[1] ». Dès lors, des relations de confiance se sont développées et un travail très important a pu être fait.

S'agissant de l'hypothèse de l'attentat, la défense avait produit une note très importante dès son accès au dossier, dix mois après la catastrophe, mais tout ce qu'elle pouvait proposer était mal mis en œuvre par la PJ. L'enquête sur ce point avait été arrêtée le 15 octobre 2001. Les pistes avaient été abandonnées. Pas de perquisitions immédiates ni d'interrogatoires suffisants. Et ce n'est pas dix-huit mois après qu'on peut réunir des preuves dont l'existence n'est pas pérenne. On ne pouvait rien faire de plus du côté de la piste de l'attentat.

1. Or le client étant écouté, la défense l'était indirectement – sans retranscription dans le dossier car la loi l'interdit, sauf dans les cas de préparation d'une infraction.

Les experts ont continué à barboter dans leurs certitudes jusqu'à la réalisation de l'expérience 24.

Du jamais-vu dans les annales judiciaires

Lors du premier procès, le tribunal a donc fait clairement la distinction entre les suppositions, les hypothèses et la preuve. Tout en ne l'exprimant pas formellement, il a aussi établi une forte et claire distinction entre la corrélation et la cause car, pour reprendre une métaphore très parlante du physicien Étienne Klein : « Ce n'est pas parce que l'on voit des grenouilles après la pluie qu'il a plu des grenouilles. » Ce n'est pas, pourrait-on dire, parce qu'il fallait trouver un coupable et plus exactement un pécheur à l'origine de la catastrophe d'AZF, qu'un juge devait en trouver un à tout prix, à force de contorsions ou de sophismes. Ni le rapport original au coupable, au pécheur, ni le désir de se faire aimer ne l'ont emporté, chez les premiers juges.

Passons sur la cour d'appel de Toulouse, pour le moins défaillante. Avec, d'abord, l'assesseure impliquée dans l'affaire : le premier président lui dit de rester malgré sa demande. Le président de la chambre de la cour qui va juger pose à son tour le problème au premier président, qui refuse de la remplacer, choisissant donc en toute connaissance de cause de maintenir sur le siège un conseiller qui, pour des raisons d'impartialité objective, ne peut siéger. Et tous deux obtempèrent, ce qui témoigne d'une étonnante souplesse de leur part[1]. D'où, sans doute, le caractère houleux des débats, constamment sous la menace de voir la brèche découverte.

1. Les faits résultent de l'enquête du Conseil supérieur de la magistrature et du rapport versé aux débats après la plainte des prévenus à cet organisme. Il aurait été si simple pour le président de la chambre d'ouvrir les débats en posant le problème : Mme L., cette assesseure, a eu pendant toute la période après le sinistre un rôle au sein de cette excellente association de victimes d'AZF. De surcroît, pendant les débats devant la cour de Toulouse, cette association, l'Inavem, a conclu un accord de coopération avec la Fenvac (Fédération nationale des victimes d'attentats et d'accidents collectifs), partie civile dans le procès. Le président de la cour de Toulouse aurait pu réunir les parties avant de débuter le procès pour leur demander si cela leur posait un problème que cette magistrate siège. Si oui, on prend immédiatement son remplaçant déjà désigné. Si non, on ne change rien et on avance. Cela aurait épargné à l'État de dépenser une dizaine de millions pour aboutir à l'annulation du procès et à l'organisation d'un second procès puisque le premier était nul car vicié.

D'où également, de la part d'un autre conseiller, également président de la cour d'assises, cette agressivité inhabituelle tant à l'égard des témoins que de la défense, à laquelle, à la suite d'un incident d'audience, il intime de se taire en lui signifiant d'un geste de la main : « ferme ta gueule ». Le premier président, saisi de l'incident, considérera que ce n'était qu'un « geste maladroit[1] ».

La Cour de cassation a décidé de casser : il ne sera donc pas question ici de l'arrêt de la cour d'appel de Toulouse puisqu'il n'existe plus. Il obligerait à faire une critique de l'institution judiciaire qui reposerait sur une décision annulée, critique donc inutile.

Parachevons visuellement cet épisode douloureux et humiliant à la cour de Toulouse. Lors de l'énoncé de l'arrêt, les policiers du service d'ordre se sont disposés en tenue de combat – genouillères, casques, épaulières – dans la salle d'audience derrière la cour et à côté d'elle. Nous n'y avions pas eu droit lorsque avait été prononcée la relaxe du tribunal. Que craignait donc la cour d'appel

1. Dans cette affaire, dès que les juges se trouvent face à une grave anomalie de comportement d'un de leurs collègues ou d'un expert, ils l'attribuent à la « maladresse »…

de Toulouse ? Que Serge Biechlin, ancien directeur de l'usine, Daniel Grasset, représentant de Grande Paroisse, et Jean-Jacques Guilbaud, représentant de Total, se précipitent, remontent les escaliers de la tribune pour prendre les magistrats à la gorge ? Et, devant la cour, avaient été disposées pour eux trois chaises alignées, avec, derrière, les places des avocats dans la position de ceux qui s'apprêtent à garrotter leur victime. J'ai demandé au responsable du service d'ordre d'évacuer ce matériel inutile, ce qu'il a fait aussitôt. Mais le président, sorti en vitesse de son bureau, lui a ordonné de le rétablir.

L'arrêt de la Cour de cassation du 13 janvier 2015 a été rendu plus sobrement dans la grande salle de la chambre criminelle de la Cour de cassation. À peine le président avait-il énoncé l'arrêt dans ses principales dispositions qu'à 14 h 02 un communiqué de presse était émis, fait assez rare. En deux pages, l'arrêt de la cour de Toulouse était réduit à néant par quelques motifs sobres et presque élégants. Ce choix de communication était sans doute destiné à étouffer toutes les spéculations. Et à se mettre en règle avec la CEDH dont la jurisprudence sur l'impartialité objective est bien établie. Ce fut un bel ouvrage.

Il a donc fallu quitter la plus grande salle de Toulouse, contenant 1 500 places – le tribunal et la cour s'étant transportés au bord de la piscine municipale – pour plaider à Paris. À Toulouse, environ 400 personnes étaient venues tous les jours assister à l'audience pendant au moins trois heures, moyennant 36 euros d'indemnisation par jour. À Paris, c'est la première chambre de la cour, une chambre historique qui a vu juger le maréchal Pétain, qui va accueillir les débats.

8

De la relaxe pour absence de preuves à la condamnation

Seize ans ont passé entre l'explosion de l'usine AZF et son arrivée devant la cour d'appel de Paris après l'épuisement des procédures et des hommes. Les avocats ont vieilli. Les témoins aussi. Certains sont morts. D'autres viennent vaillamment de Toulouse à Paris répondre à un dernier appel de la justice. Quand s'ouvrent les débats, quelle idée peut-on avoir de la justice seize ans après le sinistre ?

Une action dite vindicative

La société Grande Paroisse, recapitalisée par Total, a réglé, sans faute, avec le concours efficace du ministère de la Justice, le problème de l'indemnisation des victimes, sur le plan matériel, moral et corporel, et ceci en application des règles de la responsabilité civile[1]. Un effet secondaire positif de ce drame a été la réussite de l'indemnisation. D'abord parce que le président du tribunal de Toulouse, M. Cordier, et cela mérite qu'on y insiste, a tout de suite compris qu'il n'était pas question de traiter judiciairement le chapitre des indemnisations. Il s'est donc investi complètement dans la déjudiciarisation du processus d'indemnisation – c'est un paradoxe. Le ministère de la Justice, après une brève compétition avec le ministère des Finances, a dirigé une «commission» du suivi des victimes à laquelle l'ensemble des parties a participé. Deux milliards 300 millions d'euros en tout ont été réglés aux victimes via cette organisation amiable. Un consensus s'est formé autour de la création d'un nouveau préjudice qualifié de «spécifique», causé par l'addition de tous les préjudices[2]. Moins de 0,1 % des indemnisations a donc fait l'objet d'une saisine de la justice.

---

1. Ancien article 1384 du Code civil devenu art. 1242 depuis 2016 sur la responsabilité automatique du fait des choses.

2. Ce «préjudice spécifique» fait désormais partie de la nomenclature.

Au moment où s'ouvrent les débats devant la cour d'appel de Paris, c'est la seule consolation. Mais pas au point pour les parties civiles d'abandonner une vindicte compréhensible, encouragées en cela par notre Code de procédure pénale, à la différence d'autres pays[1]. Elles sont donc présentes à la cour d'appel, et indemnisées par l'État, pour soutenir l'action publique et demander la condamnation du pécheur.

Serge Biechlin, le directeur de l'usine, est toujours vaillant, résistant, intelligent et digne. Depuis seize ans, sa vie est totalement bouleversée, consacrée à chercher à comprendre ce qui s'est passé. Le deuxième prévenu, la société Grande Paroisse, toujours représentée par son responsable, Daniel Grasset, homme d'intelligence et de sang-froid, ne survit depuis le sinistre que pour en régler les conséquences. La défense s'épuise à répéter les mêmes choses. Elle a accumulé des connaissances, fait constamment le tri

1. Peu de démocraties connaissent l'action « vindicative » des parties civiles. Dans les pays anglo-américains, la partie civile n'existe pas au pénal. En Italie, elle existe mais, une fois indemnisées, les victimes ne peuvent plus se manifester devant le tribunal.

entre les idées justes et les idées fausses, nettement plus nombreuses. C'est un curieux exercice que de recommencer inlassablement le même travail pendant vingt ans.

Les experts, dans leur rôle de « sachants », également épuisés, ignorent à l'ouverture du procès s'ils réussiront à retrouver de la vigueur pour défendre des thèses qui se délitent. Leurs erreurs sont humiliantes. Ils ont été protégés par les juridictions, même si, à certains moments, le juge d'instruction aurait peut-être aimé, autant que la défense, se débarrasser d'eux, ce qui n'était pas possible juridiquement.

La qualité d'un juge d'instruction

À cet égard – et la défense a eu l'occasion de le lui dire –, le juge d'instruction Thierry Perriquet a montré pendant toute la durée de cette affaire un grand sang-froid, une force de caractère n'allant pas jusqu'à l'imprudence. Les prévenus lui rendent volontiers hommage. Si tous les juges d'instruction de France se conduisaient comme lui, peut-être parlerait-on moins de la suppression du juge d'instruction. Dans cette affaire, il s'est comporté en gentleman, avec de surcroît une humanité non feinte. Ces bons rapports ont été mis en place dès la conversation que nous avons déjà rappelée :

« Est-ce que vous savez que la défense ne sait pas [ce qu'il s'est passé] ?

– Oui, je sais. »

Convaincu tout au début de son instruction qu'il s'agissait, selon ses termes, d'une « affaire très simple », du mélange de produits par un ouvrier, il a fait ce qu'il fallait pour vérifier l'hypothèse et, comme le lui avait prédit la défense, il est tombé sur le néant. L'hypothèse des 500 kilos de chlore déversés sur des centaines de kilos de nitrate était illusoire et, à la reconstitution, ridicule.

Dès lors et d'une manière rationnelle rarement partagée par ses collègues, il s'est appuyé sur la défense pour essayer de trouver des explications au sinistre. Celle-ci a fait environ 200 demandes d'investigation. Il en a accepté 80 % mais elles ont rarement été exécutées correctement et en temps utile par les enquêteurs. À partir du début 2005 et de l'expérience appelée « tir 24 » par les experts judiciaires, il a eu le sentiment d'avoir achevé son travail puisque, enfin, une hypothèse était soutenue par un argumentaire expérimental et scientifique. C'est ainsi que, cinq ans exactement après le sinistre, l'instruction s'est terminée. Et l'affaire a été renvoyée devant le tribunal avec confirmation par la chambre d'instruction.

Certes, le juge d'instruction aurait pu accéder aux demandes de la défense et faire une enquête sur les conditions réelles d'une possibilité d'explosion à partir des enseignements du tir 24. Mais il s'est probablement dit, non sans sagesse, que son rôle s'arrêtait là : quand sont apparues des charges suffisantes pour renvoyer et Grande Paroisse et Serge Biechlin devant le tribunal – et que celui-ci prenne une décision le moins tard possible. Il y a un moment où il faut savoir s'arrêter. Il a trouvé cette occasion et, comme il l'a expliqué devant le tribunal, c'est à ce dernier qu'il appartenait, en tant que juridiction de fond, de décider si les charges étaient non seulement suffisantes mais constitutives de preuves des causes de l'explosion et de l'imputation d'infractions pénales à la société et à son directeur. « Non, ces charges ne l'étaient pas », a répondu le tribunal, lors du premier jugement.

Cette sorte de solidarité conjoncturelle avec la défense s'est peut-être un peu émoussée avec le temps. L'évolution de sa position entre ses premières déclarations au tribunal de Toulouse, puis ses dépositions devant les cours d'appel, puis les interviews à la télévision, montre que la pente naturelle de méfiance à l'égard de la défense a un peu repris le dessus quelques années après la fin de son instruction. Mais, après tout, il est quand même assez singulier que la défense exprime publiquement sa confiance envers un juge d'instruction et même une forme de reconnaissance pour l'écoute dont il a fait preuve à son égard. Il est vrai qu'il a également prouvé sa sagacité dans l'affaire Baudis.

La défense a rencontré ce juge d'instruction des dizaines d'heures pour évoquer les progrès de la recherche des causes dans le dossier. Peu de juges sont capables de cette attention et de cette objectivité. Ils sont rares à considérer la défense comme un vrai partenaire, à penser qu'il est possible de faire en quelque sorte alliance avec elle. Certes, avec l'effondrement de la thèse initiale des experts, les conditions étaient bonnes, et le juge a apprécié que la défense demande des investigations et suggère d'autres pistes que celle qui était désormais caduque.

Au début de l'instruction, le procureur et le premier juge d'instruction en charge avaient essayé de pratiquer les méthodes usuelles pour obtenir la vérité. Gardes à vue impressionnantes, espoir que les gardés à vue se dénoncent les uns les autres dans le but d'éviter une mise en examen. Ce qui évidemment aurait eu pour effet de consolider la poursuite. Contrôles judiciaires infamants réservés à treize personnes – effacés en trois coups d'éponge par le second juge d'instruction, Thierry Perriquet, qui a vite compris qu'il ne s'agissait pas d'un problème de droit commun mais d'un problème technique scientifique assez difficile à résoudre après les tentatives ratées des experts judiciaires.

La défense et le juge d'instruction avaient pour intérêt commun de trouver une explication. Et donc, l'expérience 24, qui proposait l'ébauche d'une solution, a justifié aux yeux du juge la fin de sa mission d'instruction et le renvoi devant le tribunal. Mais l'accusation était si faible et les parties civiles si inquiètes qu'elles en ont été réduites à considérer que la société Grande Paroisse et sa commission d'enquête étaient responsables du fait qu'on ne trouvait rien, aucune preuve. C'est ainsi qu'une plainte pour entrave à la justice a été déposée contre les membres de la commission d'enquête interne. C'était ignorer que le travail de cette commission était rendu obligatoire par la loi et par un arrêté préfectoral, comme on l'a vu. Le dépôt de cette plainte par les parties civiles obéissait à un prétexte très primitif : on ne trouve rien, c'est la faute des prévenus. Ceux-ci seraient suffisamment diaboliques pour avoir effacé les preuves. C'est pour exorciser cette hypothèse paranoïaque que le juge d'instruction a instruit cette plainte avec des écoutes téléphoniques des conversations entre les membres de la commission d'enquête, des perquisitions à leur domicile et dans leur bureau et des gardes à vue. Pour zéro résultat. Il ne les a même pas convoqués à l'issue des gardes à vue, comme c'est l'usage, car il n'y avait rien à débattre. On a même eu le sentiment que le juge d'instruction avait pris ces initiatives coercitives sans lendemain pour protéger son instruction et ne pas prêter le flanc à des critiques des parties civiles prétendant qu'il n'avait pas cherché la vérité puisqu'il n'avait pas débusqué la mauvaise foi et le machiavélisme de la société Grande Paroisse et de la commission d'enquête.

La passion des parties civiles n'a pas été arrêtée par cette décision. Malgré le non-lieu sur le délit d'entrave rendu par le juge, et confirmé par la chambre d'instruction, elles en sont venues à accuser publiquement le juge d'être à la botte de Total. Il s'est même vu traiter de « lièvre zélé de Total » par un de leurs avocats dans *La Dépêche du Midi*. Après la relaxe devant le tribunal, elles ont même déposé une nouvelle plainte contre M. D., un des responsables de la commission d'enquête, celui qui avait trouvé le sac de chlore (DCCNa) dans le hangar 335. Cette nouvelle plainte l'accusait d'avoir commis un délit d'entrave à la justice en manipulant des preuves. Elle s'est terminée par un arrêt de rejet de la Cour de cassation en octroyant à M. D. 5 000 euros pour ses frais de défense dans cette procédure abusive.

Le dilemme de la justice

La décision de relaxe prise par le tribunal de Toulouse a été frappée d'appel par le Parquet, l'arrêt de la cour d'appel de Toulouse cassé par la Cour de cassation, et l'affaire AZF se retrouve donc devant la cour de Paris.

Deux voies sont alors possibles pour la cour parisienne : apaiser en essayant de tortiller les preuves autour de l'élément manquant pour montrer qu'elles existent quand même ; ou prendre acte de la sagesse de la décision du tribunal, celui-ci ayant choisi le risque de se heurter aux parties civiles (ayant toutes été indemnisées), et donc de rendre une décision appliquant strictement le droit pénal, ce « pilier de notre démocratie ».

La justice, parce qu'elle est faite pour assurer la paix civile, est toujours traversée par le même dilemme : qu'est-ce qui l'assure le mieux ?

Fallait-il en l'espèce décider en fonction d'un seul critère : ne pas mécontenter les victimes, c'est-à-dire condamner sans preuves avec le risque d'entraîner un désordre plus grand par la suite ? Le tribunal, considérant que son devoir était d'appliquer le droit malgré les réactions hostiles, prévisibles mais finalement très modérées, avait choisi la relaxe.

Aurait-il dû au contraire punir le « méchant » et le « gros », Total, pour donner satisfaction aux « gentils » et aux « petits » ?

C'est le même dilemme devant lequel se retrouve la cour d'appel de Paris quand l'affaire vient en jugement pour la troisième fois. L'espoir de la défense est alors qu'elle se rallie à l'analyse et au choix du tribunal ; celui des parties civiles, qu'elle reconnaisse dans leur ensemble leurs critiques, récriminations et procès d'intention, et qu'elle condamne.

L'arrêt de la cour d'appel de Paris

Cet arrêt glaçant remplit d'effroi le lecteur. En effet, pour parvenir à condamner, la cour adopte des méthodes plus que discutables qui, venant des avocats, auraient été violemment stigmatisées. Son raisonnement est spécieux lorsqu'il s'agit, pour rejeter toute autre hypothèse que celle de l'accusation, de soutenir et de faire croire à la version « officielle » imaginée par des experts judiciaires pourtant décrédibilisés, même à ses yeux.

Cet arrêt est révélateur d'un travers français : celui du rapport à la vérité. Comme l'écrit l'essayiste et magistrat Antoine Garapon, « en France, en matière de justice, la vérité est affaire de souveraineté ». Elle n'est pas le résultat d'une analyse des preuves. La question de savoir si l'on « croit » à l'explication officielle ou si l'on « n'y croit pas » est un sujet à soi tout seul. Après tout, chacun pense ce qu'il veut, à commencer par Pascal à propos de l'existence de Dieu. Si je ne peux pas démontrer que Dieu existe, je ne peux pas démontrer non plus qu'il n'existe pas; de ce fait, j'adopte la croyance qui me convient. On est loin de la preuve, mais ce sera pourtant l'approche de la cour d'appel de Paris.

La lecture intégrale de l'arrêt fait apparaître chez les juges le sentiment de l'exercice d'une souveraineté et un manque d'humilité devant les faits, tout en jouant de la croyance apparemment la plus commode : celle de la version officielle. Il eût pourtant été facile de considérer, comme l'avait fait le tribunal, qu'il y avait au moins autant de doutes quant à cette version qu'à propos des autres. C'est ce que la défense n'a cessé de soutenir depuis le début : «on ne sait pas». Faute de certitude, c'était le raisonnement énoncé dans le jugement de relaxe après que le tribunal eut exprimé toute sa méfiance à l'égard de la défense dans des termes parfois peu amènes, par exemple la «volonté de tromper la juridiction». Mais cela n'est pas tragique et c'en est même comique puisque, au bout du compte, le tribunal s'est souvenu que la raison de son travail était de trouver des certitudes. Et le fait qu'il ait pris les avocats de la défense pour une bande de coquins qui voulaient le tromper n'a pas eu d'incidence sur l'absence ou l'existence de preuves. C'est en cela que l'éthique du tribunal a triomphé, même si certains de ses raisonnements sont discutables et injustement blessants. Mais puisque le tribunal a conclu « pas de chlore, pas de preuves, pas de condamnation », on peut oublier tout ce qui précède, comme l'avait sobrement commenté Thierry Desmarest après avoir entendu le compte rendu du jugement.

Mais la cour de Paris rejette le constat du tribunal. Elle considère donc peut-être ces magistrats de première instance, plus frais dans la carrière, comme des « têtes en l'air » puisqu'ils ont évoqué la possibilité d'un attentat en s'appuyant sur l'exemple de celui commis à Béziers le 1er septembre 2001 par un jeune homme armé jusqu'aux dents, inconnu apparemment des services, et qui avait tué le maire adjoint au terme d'une fusillade : un crime qualifiable de terrorisme. Pour le tribunal, c'était un exemple de ce qu'un individu jailli de nulle part pouvait se livrer à un acte terroriste. Cela lui permettait d'éviter de parler des soupçons, non vérifiés par la police, à propos de M. J., de ses sulfureuses relations et de son étrange tenue, soupçons devenus des supputations sans preuves de sa participation à l'acte. Et d'oublier de mentionner la grave anomalie constituée par l'absence de perquisition immédiate à son domicile comme cela s'imposait. Il est facile pour la cour de Paris de penser que l'attentat de Béziers n'a aucun rapport avec les événements de Toulouse. Mais c'est précisément nier ce que le tribunal de Toulouse a essayé de faire, c'est-à-dire raisonner par analogie avec un événement réel : le surgissement d'un terroriste sorti de nulle part. Le raisonnement du tribunal n'était pas faux mais prudent, pour éviter de se « mouiller » sur M. J. et de le mettre injustement en cause. Un attentat terroriste peut-être, mais une hypothèse non incarnée. Il reste que l'instinct du tribunal l'a bien guidé puisque nous avons vu quelques années plus tard s'épancher sur les ondes de Daech des hommes jaillis de ce bouillon de culture islamiste comme les frères Clain, devenus les commanditaires en Syrie de l'attentat du Bataclan à Paris. Ou encore Mohammed Merah, que nos services croyaient manipuler, lui aussi poussé sur ce terreau terroriste de Toulouse, contexte bien décrit par Gilles Kepel dans ses dépositions. Il n'est pires sourds que ceux qui ne veulent pas entendre. Sur ce chapitre du terrorisme, le tribunal de Toulouse a agi avec précaution, par analogie, en ne rejetant pas l'hypothèse de l'attentat, non démontrée pour autant. Le rapport des RG du 3 octobre 2001 n'était pas si mauvais que cela !

Quel rôle pour la cour de Paris ?

Lorsqu'elle récupère le dossier en janvier 2017, la cour d'appel de Paris a sous les yeux un véritable chaos. Depuis quinze ans, tout ce que l'on peut imaginer de pire dans le fonctionnement judiciaire est arrivé :

– une affaire dramatique, avec 31 morts, la plus grosse catastrophe industrielle depuis la guerre, traitée n'importe comment dès le troisième jour, ce que les deux pages doubles de *Charlie Hebdo*[1] sur ce sujet ont bien relevé ;

– un procureur de la République qui déclare sans la moindre preuve qu'il s'agit d'un accident, ce qui a pour effet de mettre des œillères à la poursuite afin qu'elle n'aille que dans une seule direction : pas d'attentat, et donc pas d'investigations approfondies dans ce sens ;

– des experts dont les déclarations dans les huit jours n'ont aucun rapport avec ce qu'ils diront

1. Voir les annexes.

après : le sinistre serait le résultat de l'explosion après une auto-inflammation du nitrate au cœur du tas principal, peut-être, selon le procureur, par la présence d'un rat crevé ;

– treize personnes mises en examen, « par vagues », selon l'expression imagée du procureur de la République. Uniquement des ouvriers, contremaîtres et cadres de la société Grande Paroisse, dont une cadre présente dans l'entreprise depuis seulement trois semaines ! ;

– l'arrivée sur place d'un enquêteur de la CRAM de Bordeaux, chargé d'identifier les problèmes d'amiante, obnubilé par une expérience de réaction chimique dans une piscine à Pessac et qui se transforme en super-expert sans en avoir ni la formation ni la mission – et le juge d'instruction initial qui adopte non sans barguigner cet expert qui n'en est pas un, car les experts judiciaires déjà nommés l'ont réclamé ;

– la réalisation devant des centaines de parties civiles d'une expérience avec un supposé mélange de nitrate, de DCCNa et d'eau dans un tube qui explose au bout de quelques secondes : expérience fallacieuse avec un mélange qui se révèle fictif à l'analyse, l'expert expliquant plus tard qu'il ne voulait pas trop faire attendre le public dans des conditions désagréables ;

– un premier rapport complet des experts en juin 2002 affirmant que 500 kilos de DCCNa ont été déversés sur un tas de nitrate et l'ont fait exploser – hypothèse qui provoque les treize mises en examen, mais qui est ridiculisée lors de la reconstitution effectuée sur ordre du juge d'instruction en octobre 2002 ;

– au 1er décembre 2005, un dernier non-lieu de la chambre d'accusation de Toulouse accordé à M. P, le contremaître qui avait autorisé le déversement de la benne supposée à l'origine de l'explosion, arrêt de principe qui annonce un non-lieu général ;

– en avril 2005, une nouvelle expérience, dite tir 24, de l'expert Bergues, non encore communiquée à la chambre d'instruction, qui fournit le support à la continuation de l'instruction – cette fois-ci sur la base d'un essai qui a au moins le mérite d'exister même s'il n'est pas probant ;

– une instruction qui se clôt, cinq ans après le sinistre, avec le renvoi devant le tribunal de Serge Biechlin, le directeur de l'usine, seul des treize mis en examen, accompagné de la société Grande Paroisse mise en cause au dernier moment pour ne pas donner l'impression qu'il n'y a « rien » dans le dossier ;

– le 19 novembre 2009, huit ans après le sinistre, le jugement de relaxe du tribunal qui constate l'absence de chlore et l'impossibilité d'en trouver trace ni sur le sol ni dans une benne d'où il aurait été déversé ;

– l'arrêt de la cour d'appel de Toulouse qui condamne Serge Biechlin à de la prison ferme dans des conditions d'absence d'impartialité objective ;

– la cassation et le renvoi devant la cour d'appel de Paris qui devra statuer dans des conditions chaotiques.

Celle-ci le fera le 31 octobre 2017, soit seize ans après les faits, en condamnant le directeur de l'usine à une peine avec sursis, ainsi que Grande Paroisse (la personne morale) à une amende maximum.

L'impossible procès

Le 11 juin 1993, la cour d'appel de Londres a définitivement annulé une procédure criminelle sans possibilité de nouveau procès pour cause de pollution médiatique irréversible, les médias ayant pris parti et accablé une des deux accusées en se lançant dans des diatribes fulgurantes et des enquêtes bidon.

« Puisque la couverture médiatique a créé un risque réel de dommage, les condamnations doivent être considérées comme peu sûres et insatisfaisantes. La couverture de presse de ce procès a effectivement créé un vrai risque de dommage contre les appelantes (les accusées) et pour cette raison aussi bien que la première, les condamnations ont été peu sûres et non satisfaisantes et doivent être annulées. *De surcroît, compte tenu de ce que la cour a vu du traitement de cette affaire, un procès équitable ne saurait désormais avoir lieu.* »

Cet arrêt britannique est directement fondé sur la culture du *fair trial.* Dans l'affaire AZF, notre culture ne rend pas possible pour l'instant une telle décision des juges. Et pourtant, non seulement Grande Paroisse, Total[1] et le directeur en cause ont été traînés dans la boue pendant des années, l'usine qualifiée abusivement d'usine poubelle – ce qui a révulsé le personnel –, mais avant toute enquête, le procureur de la

1. Thierry Desmarest et Total ont été mis hors de cause tant par le tribunal que par les deux cours d'appel successives.

République a pris parti pour une thèse ; un expert a présenté une expérience fallacieuse ; d'autres se sont lourdement trompés et l'ont reconnu à la barre de la cour d'appel seize ans après – « On s'est trompé ! »... sans compter les vicissitudes qui seront analysées plus loin. Mais nous sommes en France. L'accusation est comme une sorte de chat qui attrape la souris supposée coupable et n'arrive pas à la lâcher même si le corps de l'animal est complètement décomposé à cause du temps, des erreurs et des passions.

La cour d'appel de Paris pouvait s'inspirer de ces antécédents chaotiques pour lâcher prise. Elle avait mille moyens pour confirmer purement et simplement le jugement de relaxe prononcé par le tribunal d'où la poursuite était ressortie anéantie. Aucun fait nouveau n'ayant de surcroît été découvert. Et pourtant la cour de Paris, comme le chat qui ne veut pas lâcher sa souris, a choisi l'autre voie, celle de la condamnation. Et ce au mépris des invraisemblances, des incohérences et des très contestables pratiques du Parquet et, bien davantage encore, des experts. Comme si la position de la cour de Paris était arrêtée avant même les débats. D'où l'exaspération de la présidente qui, ayant compris que le rôle d'un employé n'était pas celui que la cour lui attribuait, a cru qu'on le lui avait dissimulé et a de manière étonnante suspendu l'audience. Ce détail imprévu dans le scénario qu'elle pouvait s'être construit lui a probablement donné le sentiment que le train allait dérailler puisqu'il ne roulait plus sur la voie prévue.

Ce détail, c'était les déclarations de M. S., employé de l'entreprise sous-traitante, chargé de faire un grand nettoyage des ateliers. L'idée de la cour était sans doute que celui-ci *avait rempli* des sacs d'acide cyanurique vides avec des déchets de DCCNa dans l'atelier qui le produisait. Et que les restes de ces sacs *avaient été déversés* dans le hangar 335, où ils *avaient été ensuite balayés* par M. F., qui ensuite les *avait balancés* dans la benne. On baignait dans les certitudes !

Pas de chance, comme le fit remarquer maître Mauricia Courrégé : M. S. n'avait pas nettoyé l'atelier DCCNa mais l'atelier voisin, celui de l'acide cyanurique, son permis de travail en attestait. Un permis illisible selon la cour, et en outre une pièce produite tardivement ! Mais tardivement par rapport à quelle date ? Depuis la construction mentale de l'arrêt dans l'esprit de la cour ? Quand la cour ne sait plus quoi répondre à un argument, elle dit qu'il est tardif! Non, la question est que l'argument soit juste ou faux. Or cette pièce et les arguments qui vont avec figuraient d'ailleurs bien page 50 des conclusions devant le tribunal. Mais elle ne les avait sans doute pas lues. Il est vrai que, pour certains juges, c'est « cause toujours, la défense! ». Ce qui est tardif, ce n'est pas l'argument qu'ils découvrent à l'audience mais leur lecture des conclusions.

Le triomphe de la métaphore

Le coup de grâce a été porté, répétons-le, par M. Bergues, un des experts, celui qui avait réalisé l'expérience 24. À quelques semaines de la fin des débats qui ont duré quatre mois devant la cour d'appel de Paris, lors de l'audience du 20 avril 2017, le ministère public communique aux parties une nouvelle note de M. Bergues, cosignée par M. P[1]. Ce témoin notoire a été l'expert conseil choisi et rémunéré pendant un temps par Grande Paroisse avant d'être remercié, malgré un réel talent. Depuis douze ans, il se montre

1. Cité devant les juridictions par le Parquet.

publiquement hostile. Et voilà que l'un des experts judiciaires essentiels produit une note réalisée avec ce témoin de l'accusation qui vient bouleverser complètement les conclusions de son expertise, au bout de douze ans. Pour être tardif, ça l'est ! « Les audiences ont été tragiques pour l'expertise », avons-nous entendu un expert commenter au détour d'un couloir dans les premiers jours du procès de Paris.

Les coups de butoir de la défense produisant ses propres expertises effectuées par un expert chimiste renommé, Michel Lefebvre, ont réduit à néant la valeur probante ou même informative de l'expérience 24. Aucune expérience n'a jamais été faite d'un mélange de ce type (DCCNa au centre du nitrate dans la benne) et dans les mêmes conditions pour vérifier la validité d'une hypothèse qui paraît invraisemblable : envisagée après l'effrondement de la thèse initiale, l'explosion d'un tel mélange est une pure conjecture. On est loin de l'ombre d'une preuve.

Conscient de la faiblesse « tragique » de son expertise et peut-être saisi de panique parce qu'elle s'aggrave au fur et à mesure des audiences, M. Bergues a accepté la proposition de M. P., ce témoin de l'accusation, de réinterpréter les suppositions déjà irréalistes de l'expérience 24 : l'imprégnation n'est plus la même ; les surfaces nécessaires à l'expérience ont changé ; les problèmes de force de poussée ne sont pas pris en considération. M. Bergues se fait hara-kiri avec le concours de M. P., qui depuis le début de ses dépositions semble vouloir se montrer plus créatif que tout le monde.

À quelques semaines de la fin des débats – et au bout de seize ans de procédure ! –, l'expert Bergues abandonne donc complètement les conditions et conclusions de son expertise précédente, sur lesquelles a été fondée l'ordonnance de renvoi, au profit d'un scénario scientifique nouveau, improvisé, non vérifié, non expérimenté et non discuté[1] !

La cour d'appel de Paris aurait pu se contenter de constater l'abandon par M. Bergues lui-même des conclusions qu'il avait tirées de son expérience. C'eût été non seulement élégant mais logique. Eh bien non ! La cour préfère s'accrocher à la poursuite, coûte que coûte, quitte à employer de bien légers arguments.

Elle annule bien sûr ce « nouveau rapport », une « maladresse » selon elle – c'est là un terme

1. Conclusions pour la défense Soulez Larivière-Courrégé-Foreman, pages 2 et 3, déposées le 25 avril 2017.

original en matière judiciaire qu'elle affectionne dans son arrêt : les déclarations du procureur Bréard sont « maladroites », les expériences de M. Barat sont des « erreurs » et le rapport commun P.-Bergues une « maladresse procédurale ». Elle l'annule, donc, mais sans qu'aucune autre conséquence ne soit tirée de cette « maladresse ».

Peu importe que le tir 24 ne soit plus un élément décisif de l'accusation, contrairement à tout ce qui a été dit, sédimenté et concrétisé par les débats devant le tribunal, la cour de Toulouse et la cour de Paris pendant trop d'années. La cour de Paris nous dit : « Il convient de rappeler que le tir 24 n'a pas été présenté par les experts comme figurant les conditions réelles [ah bon ?], ceux-ci ayant indiqué avoir défini leur protocole expérimental à partir du retour d'expérience des essais précédents [23 échecs] et de l'étude des pièces de la procédure. » « Les paramètres retenus (teneur en eau des produits, ordre d'arrivée des produits, inclinaison des couches des produits) *devraient être plus proches* de ceux qui ont concouru à la survenance du sinistre. »

Si on n'est pas dans la supputation et la poudre aux yeux, où sommes-nous ? C'est pourtant le raisonnement de la cour d'appel de Paris, qui joue du droit pénal en considérant comme équivalentes l'hypothèse et la certitude. Exactement l'inverse de ce qu'énonçait le premier jugement et comme devrait le faire toute juridiction.

Et la cour de rappeler que M. Bergues a déclaré à l'audience : « Il est *probable* que dans la benne il y a eu des mélanges NA [nitrate d'ammonium], DCCNa [...], la benne a subi des secouages. Le tir 24 est *un exemple* de configuration. »

On croit rêver : exemple vaut certitude !

Encore une fois et pour résumer, selon la cour, l'expérience 24 est en réalité une métaphore. Métaphore constituant la dalle sur laquelle a reposé l'accusation depuis 2005 avant de prendre du plomb dans l'aile tout au long des audiences de la cour de Paris, au point d'aboutir à ce que ses auteurs eux-mêmes la récusent en inventant une autre expérience qui n'a pas été réalisée, née du désir de M. P. de se montrer le plus talentueux et de celui de M. Bergues de sauver la poursuite dont il suppute qu'elle est complètement compromise.

Le désir fait loi

On aurait pu considérer qu'il y avait de quoi prononcer une relaxe, comme l'avait fait le tribunal. Mais non ! ce sera une condamnation. Selon un syllogisme qui est la définition même du sophisme : « Tout ce qui est rare est cher ; un cheval bon marché est rare ; donc un cheval bon marché est cher. » La cour n'a pas trouvé davantage de chlore (DCCNa) que le tribunal, mais elle suppute qu'il y en avait. Son considérant mérite d'être encadré et affiché dans l'École de la magistrature et celle du centre de formation professionnelle du Barreau de Paris. « Il résulte de ce qui précède que les analyses ne démontrent pas l'absence de DCCNa au moment du pelletage mais l'impossibilité de l'établir par voie d'expertise en raison notamment de l'absence de produit dans le scellé du demi-grand [hangar 335] le plus significatif. En outre il y a lieu de rappeler que M. F. a déclaré avoir lavé à grande eau le sol du bâtiment 335 après le passage de Forinserplast [l'entreprise de sous-traitance qui vient débarrasser les sacs] et la constitution de sa benne. » Il est vrai que l'eau est un produit sélectif qui ne lave que le chlore et pas les autres produits retenus sur le sol… « Pour ces raisons, les conclusions de l'expertise technique Cattar-Critt [qui nient l'existence de DCCNa] ne sont évidemment pas exclusives de toute poursuite, la cour pouvant forger sa conviction à partir des éléments du dossier, cette démarche étant également impossible au regard des lacunes essentielles dans la recherche des causes de l'accident par les membres de la commission d'enquête interne et particulièrement l'absence de recherche de la benne déversée par M. F. Et l'investigation auprès de la société Forinserplast sur la composition des tonnes de sacs qui avaient été emportées. »

Et voilà ! La boucle est bouclée. Si on n'a pas trouvé de chlore, c'est la faute des prévenus ! En d'autres termes, on n'a pas trouvé de chlore, mais les analyses ne démontrent pas son absence au moment du pelletage. Ce qu'elles démontrent, c'est l'impossibilité de l'établir. (Autrement dit : c'est impossible, mais moi j'y crois !)

Si la benne a disparu, c'est la faute de la commission d'enquête interne. Et si la police judiciaire n'a commencé ses recherches que très tardivement, c'est aussi sa faute… La faute est constituée par l'absence de la recherche de preuves par les prévenus ! Et enfin, il aurait fallu interroger Forinserplast. Mais ça, naturellement, c'est la commission d'enquête interne qui aurait dû le faire, pas la PJ, ni le Parquet, ni le juge d'instruction ! De qui se moque-t-on ?

Ainsi, l'expérience 24 n'est plus la base de l'expertise puisque son propre auteur la renie. Ensuite, on ne trouve aucune preuve de la présence de chlore – et il ne pouvait pas y en avoir puisque le sol avait été lavé –, mais il aurait pu y en avoir, donc il y en a eu ! Et enfin, la faute est celle de la commission d'enquête interne qui n'a pas trouvé ce que la police elle-même n'a pas trouvé.

Par le détournement de la logique, par la ratiocination et le refus d'envisager autre chose que ce que l'on souhaite, on se rapproche des procès de l'Inquisition. « Mon désir est la loi car mon désir fait la loi ! »

Ce raisonnement fort inquiétant de la cour est l'un des plus fallacieux que j'aie rencontrés au cours de mes cinquante-cinq ans de carrière. Il semble fondé sur l'idée qu'il *faut* absolument condamner et que tous les moyens sont bons pour y parvenir, y compris de suggérer que c'est la commission d'enquête interne qui est responsable de l'absence de preuves utiles à l'accusation. Alors que la cour sait bien que ce doute a été levé par le non-lieu rendu dans les poursuites pour entrave engagées abusivement par des parties civiles et qui se sont terminées devant la Cour de cassation par une indemnisation à l'un des membres de la commission d'enquête devenu la tête de Turc de la partie civile.

Toute l'horreur judiciaire est réunie dans cette décision.

9

Philosophie de la justice : le choix de la cour

Au fond, la justice est faite pour assurer la paix civile, éviter que les membres du groupe, de la tribu ou de l'État ne s'écharpent dans des conflits privés ou n'attaquent le pacte social et l'ordre public. Si les conflits entre particuliers dégénèrent faute d'une autorité capable de les pacifier, la justice ne remplit pas son rôle. Et si les citoyens enfreignent les règles du « vivre ensemble », ils sont punis.

Un mélange des genres

En réalité, dans le procès AZF, il y a deux procès. Un qui n'a pas eu lieu grâce à une conciliation, celui des victimes contre la société propriétaire de l'usine : elles ont été indemnisées pour la réparation des dommages subis sans passer par un procès. Et ceci, redisons-le, grâce à l'intelligence du président du tribunal de Toulouse, M. Cordier, et de la chancellerie, avec la participation extrêmement active de Total. L'autre procès, au pénal, est celui de la société contre la personne morale et la ou les personnes physiques poursuivies et accusées d'avoir commis des infractions étant avec certitude à l'origine du désastre. Et en France, les victimes une fois indemnisées peuvent quand même participer au procès pénal.

Chez nous, ces deux procès, civil et pénal, sont généralement mêlés, à la différence de la plupart des autres pays démocratiques. Il s'ensuit une confusion entre intérêt particulier et intérêt général. Ce n'est pas parce que la loi prévoit dans son article 1242 et suivants (anciennement art. 1384 et suiv.) la responsabilité du fait des choses, que la responsabilité pénale du propriétaire de la chose est engagée. Autrement dit, d'un côté il s'agit de punir ceux qui n'ont pas respecté les règles que l'État a fixées dans l'intérêt collectif, et de l'autre, d'indemniser les victimes dans le cadre de la responsabilité civile automatique sans faute.

Ce mélange des genres, l'affaire AZF n'y a pas échappé. Malgré la satisfaction des intérêts civils avec 2,3 milliards d'euros d'indemnisation, le pénal demeure. Ainsi, on l'a vu, des victimes indemnisées reçoivent 36 euros par jour pour trois heures de présence au procès afin de soutenir l'action publique. Cette participation à une action dite « vindicative », qui a pour objet d'assurer la réparation morale des victimes non seulement par le versement d'argent mais aussi par l'assouvissement d'un désir de vengeance, est spécifiquement française.

Comme tout le système a pour but d'assurer l'ordre public et la paix civile, les magistrats sont obligés de jongler avec ces notions civil-pénal. Les procureurs sont talonnés par les parties civiles, qui veulent non seulement exercer une action de vindicte mais encore, pour ce faire, dicter sa conduite à la poursuite. Cela pèse sur la perception par les juges du siège de la tâche qui leur incombe. Tel est le piège dans lequel est tombée la cour de Paris.

Le principe de droit

Commenter la problématique des juges dans cette occasion, ce n'est pas les critiquer. C'est au contraire envisager les contraintes qui sont les leurs et la difficulté de leur tâche de synthèse pour rendre une décision conforme à l'objectif de la justice d'assurer la paix civile. Pour y parvenir, les sociétés mettent en place les règles de droit censées sécuriser le comportement des citoyens en leur précisant bien à l'avance ce qui est possible ou non, ce qui est permis et défendu.

Et pourtant, dans l'affaire AZF, nous avons trois décisions contradictoires. La première, une relaxe. La deuxième, une condamnation à de la prison ferme pour le directeur, et une amende maximum pour la société. Et la troisième, mi-chèvre mi-chou, une condamnation moins lourde à une peine avec sursis et une amende. Que s'est-il passé ? Bien sûr, absolument rien n'a changé sur le plan factuel depuis l'ordonnance de renvoi du juge d'instruction. Seules les interprétations varient, pas les faits (on n'a pas retrouvé de chlore !).

En première instance, le tribunal a fait un choix. Il a considéré que la paix civile serait mieux assurée par la reconnaissance de la règle de droit pénal qui exige des preuves pour condamner. C'est, on l'a vu, ce qu'il rappelle d'une manière peu ordinaire dans le jugement : « Le droit pénal est un droit qui s'interprète strictement. Il s'agit là d'un pilier de notre démocratie. » S'attachant et se référant donc exclusivement à la démocratie, il a considéré que les dangers d'une émotion éventuellement agressive des victimes devant la relaxe étaient moins grands que ceux consistant à condamner sans preuves dans une affaire phare devenue un repère pour les autres juges et le public. Il s'agit toujours d'arbitrer entre le court terme et le long terme. Pour satisfaire les parties civiles tout en minimisant les dégâts de sa décision, le tribunal a choisi de cogner sur les avocats de la défense, sur leurs experts et sur la société Grande Paroisse, avec son organisation, ses prétendues défaillances dans la prescription et l'application des règles de sécurité. Les trois quarts du jugement du tribunal ont été un réquisitoire parfois tout à fait injuste voire insultant contre la défense et la société derrière laquelle se profile le diable géant qu'est Total. Et soudain arrive le principe de droit : pas de condamnation possible sans preuve certaine. Et, très habilement, le tribunal bascule vers cette décision en introduisant d'abord le doute sur l'existence de la preuve puis, ensuite, en développant son absence pour aboutir logiquement à la relaxe.

Mais l'exploration de ces motivations ne sera jamais incontestable. En effet, le côté un peu scandaleux (aux yeux de beaucoup) de la relaxe ne pouvait se fonder sans une conviction. Or, la conviction des juges de première instance fut que l'ensemble de l'instruction du procès pénal et des expertises n'avait abouti à rien de probant, ou à rien qui puisse les convaincre de la pertinence de l'accusation : absence de chlore = absence de preuves. Le problème, pour les juges comme pour les avocats, est celui du moment où la conscience adhère à l'intelligence. L'intelligence développe les arguments rationnels, la conscience lui est antérieure, permanente, et fait un tri. C'est ce que pensent profondément les trois juges qui ont finalement considéré que l'accusation ne tenait pas la route.

Les imprudences du procureur et des experts ont-elles contribué à forger cette impression ou cette conviction ? Nul ne le saura jamais. En tout cas, le résultat est là. Mieux vaut causer un désordre par respect d'un principe essentiel, celui de la preuve, que tomber dans la facilité consistant à condamner sous la pression morale de la foule.

Une conviction déjà forgée?

Ce n'est pas ce qu'a décidé la cour d'appel de Toulouse, dans des conditions devenues odieuses dès les trois premiers jours puisque la défense et une bonne partie du public ont rapidement eu l'impression que la conviction des juges était forgée avant les débats et, si cette impression était juste, qu'il ne leur restait plus qu'à montrer leur intelligence très personnelle des faits pour justifier un choix contraire à celui du tribunal : celui-ci avait dit qu'il n'y avait pas de preuves; la cour a décidé qu'il y en avait.

Avec, en arrière-plan, une énormité inconnue de la défense, qui ne l'a découverte qu'après le procès : un des assesseurs de la cour, Mme L., était la vice-présidente d'une association de victimes intervenue dans cette affaire pour encourager les indemnisations et qui avait contracté avec une des parties civiles, alors même que le procès se tenait devant la cour d'appel!

La situation était intenable. Les conseillers et le président devaient aussi cuver leur incapacité à faire preuve de rébellion, à sortir de leur position de petits enfants obéissant au papa premier président qui leur dit : « Ne bougez pas, faites ce que je vous dis et jugez comme ça ! » Ce fut sans doute un calvaire pour eux, ce dont l'audience se ressentit, et la défense l'a perçu dès les trois premiers jours.

Par la suite la magistrate en cause, victime soumise d'un système hiérarchique un peu infantilisant, s'est vu décerner la Légion d'honneur. La mauvaise conscience de ces juges s'ajoutant à la volonté de faire le contraire du tribunal et d'avoir la foule de leur côté a pu influencer la décision de condamner le malheureux directeur de l'entreprise à de la prison ferme, avec une mise en scène parfaitement déplacée, sous la protection de forces de l'ordre engoncées dans leur tenue de combat. Le rôle des avocats des parties civiles est aussi d'encourager leurs clients à supporter pacifiquement la décision même si elle les heurte. Ils l'ont fait après la relaxe. Mais la méconnaissance de ce rôle a fait imaginer le pire à la cour d'appel de Toulouse alors même qu'elle donnait satisfaction aux victimes.

En terminer avec cette affaire

Tout semblait ouvert à la cour d'appel de Paris pour sortir de ce chaos et confirmer le jugement de relaxe dont elle était saisie par l'appel du Parquet. Personne n'entrera jamais dans la conscience des trois juges qui, par tempérament, caractère de qualité ou stratégie, se sont montrés à la fois très aimables avec la défense et extrêmement indulgents à l'égard des diatribes des parties civiles dont les questions des avocats tournaient systématiquement au réquisitoire.

Encore une fois, la cour de Paris a-t-elle pu se laisser impressionner par le survol des milliers de pages du dossier avant même les débats ? Ne pas relaxer mais ne pas condamner à des peines exagérées : c'était la solution médiane pour ne pas se faire trop attaquer. C'est ce qu'elle a choisi en pensant sans doute sincèrement rendre une bonne justice. Mais c'est raté. La preuve en est donnée par ce livre. On objectera que c'est là un procès d'intention sans preuves, donc pas de condamnation morale. Certes, néanmoins c'est une question qu'on ne peut éviter de se poser.

Quelle a été la part de la conscience de la cour de Paris dans l'exercice de son intelligence ? A-t-elle été convaincue par quelque argument que ce soit ? Manifestement pas, en tout cas à l'audience publique, puisqu'elle n'a, semble-t-il, prêté aucune attention aux analyses techniques de la défense, allant même dans son arrêt jusqu'à qualifier de simples PowerPoint les rapports d'expertise de Michel Lefebvre inclus dans le dossier.

La cassation, assez humiliante pour la cour d'appel de Toulouse, a-t-elle provoqué une réaction corporatiste qui expliquerait cette décision ? Le procès d'intention est aussi tentant que vain, car rien ne le prouve, donc passons. Cependant, la cour de Paris a quand même bien vu la pertinence des arguments de la défense et le danger qu'ils présentaient. Elle a vu la base de la poursuite se rétrécir chaque jour et se fragiliser jusqu'à devenir une sorte de poussière, jusqu'au coup de grâce du rapport commun et de Didier Bergues, expert judiciaire, et de M. P., témoin de l'accusation, démolissant l'architecture technique de l'accusation en proposant une solution de dernière minute invraisemblable. Normalement, le fait que cette argumentation s'évapore aurait dû conduire à une confirmation de la relaxe, mais, semble-t-il, son délitement quotidien à l'audience de Paris n'a en rien servi la défense.

Vraisemblablement la cour d'appel a pensé que l'intérêt public, c'est-à-dire celui de la paix civile, passait nécessairement par le chemin qu'elle avait choisi pour aboutir à une condamnation. Mais pas trop lourde quand même, histoire de ne pas créer trop de difficultés du côté de la défense, mais suffisamment pour satisfaire les victimes. Et surtout qu'on n'en parle plus.

La cour de Paris a fait en toute honnêteté ce qu'elle a pensé devoir faire. C'est « comme ça ». Et l'on ne peut pas énoncer à son propos ce qu'on lui reproche d'avoir fait avec ce dossier tragique : des supputations. Mais en a-t-on fini pour autant ?

10

La fabrication d'une erreur et d'une horreur judiciaire

Les moyens de fabriquer une erreur judiciaire sont extrêmement simples. Cela consiste à rejeter d'office, comme la cour de Paris, toute hypothèse autre que la thèse officielle. Quand, en 2009, à peine la question des doubles explosions abordée à l'audience publique, le tribunal fait circuler un livre sur la relativité des témoignages, il suggère une méthode de travail : rejeter les supputations ; ne pas tenir compte des témoignages contradictoires variables, même impressionnants ; ne s'attacher qu'à la réalité indiscutable, s'il y en a une. Cette réalité indiscutable était l'absence de chlore nécessaire à un mélange explosif. C'est à partir de là que le tribunal a construit sa relaxe.

Une démarche suicidaire

La cour de Paris, elle, a adopté une démarche exactement inverse. À défaut de présence de chlore, elle échafaude un scénario à partir de témoignages imprécis rejetés par le tribunal. Autrement dit, elle entre dans la logique rejetée par le tribunal de Toulouse, qui consiste à substituer aux faits indiscutables de multiples témoignages contradictoires, discutés et discutables ou faussement interprétés.

C'est comme à la chasse : « Le gibier ? il en aurait été vu », et voilà que pleuvent les témoignages des chasseurs. Mais on n'en a pas trouvé et ils rentrent bredouilles. Si la cour avait appliqué à ses hypothèses les mêmes méthodes qu'elle a utilisées pour discréditer celles de la défense, il n'y aurait pas eu d'arrêt de condamnation. « Il en aurait été vu », et ça lui suffit. Mais en fait personne n'en a vu ! Sur des supputations à partir de l'interprétation de déclarations contradictoires de rares ouvriers et en usant de méthodes qu'elle disqualifie pour les autres sujets, la cour va donc imaginer la présence de chlore (DCCNa) dans le hangar 335 alors qu'on n'en a jamais trouvé.

Mais patatras! Voilà, comme on l'a vu, que ce que l'on va faire de ce chlore hypothétique est complètement invraisemblable. D'abord, on ne voit pas comment il aurait été mis dans une benne qu'on n'a pas retrouvée. Un peu comme le capitaine Haddock dans *Le Crabe aux pinces d'or* : a-t-il placé sa barbe sous le drap ou au-dessus ? Non : entre les deux draps. Le chlore hypothétique était-il sur ou dans le tas de nitrate ? Et alors ? A-t-on tenté l'expérience de faire exploser un tas de nitrate avec au milieu, dans ces conditions-là, 1,5 kilo de DCCNa qui aurait été soigneusement ramassé par un ouvrier s'arrêtant au milieu du pelletage de nitrate pour en balayer par mégarde et le balancer dans la benne sur ou dans un tas de nitrate ?

Et catastrophe finale : l'expérience 24 est une foutaise comme la défense le démontre après avoir, elle, reproduit sans succès les expériences de l'expert Bergues. Car si ce mélange avait existé, et avait explosé, la puissance de l'explosion n'aurait pas suffi à faire exploser les tas principaux du hangar 221 puisque même lors de l'expérience le nitrate placé derrière n'a pas explosé. Et enfin, *last but not least*, le responsable de cette expérience 24 recourt *in extremis* à un talentueux témoin de l'accusation qui a toujours eu tendance à vouloir se manifester en prétendant avoir peut-être trouvé une solution. Mais la démarche de l'expert Bergues est suicidaire car la solution envisagée avec M. P. quelques semaines avant la fin de l'audience de Paris, loin de renforcer l'expérience 24, la démolit. Leur « rapport » de dernière minute fait apparaître que les bases de cette expérience de 2005 sont à leurs yeux inexactes et suggère une autre hypothèse avec de nouvelles conditions et conclusions techniques. Cet honorable témoin de l'accusation pouvait aussi avoir le désir de prendre comme une petite revanche car Grande Paroisse avait fait appel à lui avant de s'en séparer dès 2003. Le bruit arriva, via la PJ, aux oreilles du juge d'instruction que la société se livrait à des expériences secrètes : un ancien collaborateur ou stagiaire de M. P. ayant intégré ensuite au Gramat où il aurait échangé avec M. Bergues. Et la PJ y a débarqué le 8 octobre 2003 pour recueillir les déclarations du stagiaire qui a confirmé la rumeur. Le juge d'instruction a alors convoqué Serge Biechlin le 12 février 2004 et celui-ci lui a remis spontanément les 17 rapports de la commission d'enquête interne. Cela a-t-il aidé M. Bergues à progresser jusqu'à son expérience 24 ? Peut-être. Et après tout, tant mieux. Mais elle n'en a pas pour autant été rendue probante, au point que le témoin de l'accusation et l'expert judiciaire ont imaginé autre chose dans leur dernier « rapport » commun transmis aux parties quelques semaines avant la fin de l'audience, incongruité qualifiée de « maladresse procédurale » par la cour de Paris.

Alors, pourquoi un tel fiasco ?

Le tribunal n'a pas voulu prendre de risques intellectuels ou moraux. Constatant qu'il n'y avait pas de preuves, donc pas de quoi condamner, il a relaxé. Attitude la plus simple, conforme d'ailleurs à ce qu'on demande à un juge : non pas de créer la vérité ultime mais simplement de savoir constater qu'il n'existe pas de preuves.

La cour d'appel de Paris a choisi de parier comme Pascal : puisque la preuve de l'existence de Dieu est impossible mais que celle de sa non-existence ne l'est pas davantage, prenons l'hypothèse qui nous convient le mieux, celle de son existence.

Pourquoi ? Toutes les interprétations sont possibles mais, faute de preuves, nous nous garderons d'en faire état.

La fonction de juger est particulièrement mise en question dans l'affaire AZF. Si l'on se réfère toujours à l'idée que la justice est là pour assurer la paix civile, on peut trouver une motivation psychologique, morale et politique à la décision de la cour de Paris. Après tout, qu'est-ce que ça peut faire à Total de voir sa filiale et son directeur condamnés ? Rien. Qu'est-ce que cela peut faire pour les parties civiles, sinon leur faire du bien, de voir infirmer une relaxe du tribunal ? Beaucoup. Non seulement ces victimes ont subi des préjudices, même si elles ont été indemnisées, mais en plus, si la cour relaxe l'industriel, l'État va être incapable de leur dire ce qui s'est passé. Dans un schéma politique honorable, qui serait celui de l'ordre public primitif et immédiat, les magistrats de Paris ont une bonne raison de satisfaire les victimes. Tant pis pour le directeur de l'usine !

Les risques de la facilité

Rares sont ceux qui se souviennent de la harangue adressée lors d'un discours de rentrée en 1974 par Oswald Baudot, membre du

Syndicat de la magistrature, au demeurant fort bon magistrat, alors substitut du procureur de la République de Marseille. Et pourtant, elle mérite qu'on la rappelle ici :

« La loi s'interprète. Elle dira ce que vous voulez qu'elle dise. Sans y changer un iota, on peut avec les plus solides attendus du monde donner raison à l'un ou à l'autre ; acquitter ou condamner au maximum de la peine [on croirait qu'il parlait déjà de cette affaire !]. Par conséquent, que la loi ne vous serve pas d'alibi.

« Ne vous contentez pas de faire votre métier, vous verrez vite que pour être un peu utile vous devez sortir des sentiers battus. Tout ce que vous ferez de bien, vous le ferez en plus. Qu'on le veuille ou non, vous avez un rôle social à jouer, vous êtes des assistantes sociales. Vous ne décidez pas que sur le papier. Vous tranchez dans le vif. Ne fermez pas vos cœurs à la souffrance ni vos oreilles aux cris. Ne soyez pas des arbitres indifférents au-dessus de la mêlée. Que votre porte soit ouverte à tous. Il y a des tâches plus utiles que de chasser ce papillon, la vérité, ou que de cultiver cette orchidée, la science juridique.

« Soyez partiaux. Pour maintenir la balance entre le fort et le faible, le riche et le pauvre qui ne pèsent pas d'un même poids, il faut que vous la fassiez un peu pencher d'un côté [...] Ayez un préjugé favorable pour la femme contre le mari, pour l'enfant contre le père, pour le débiteur contre le créancier, pour l'ouvrier contre le patron, pour l'écrasé contre la compagnie d'assurances de l'écraseur, pour le malade contre la sécurité sociale, pour le voleur contre la police, pour le plaideur contre la justice. »

Le « Soyez partiaux » attira sur Baudot les foudres de la chancellerie, mais la mobilisation contre la sanction disciplinaire qu'aurait pu prendre le Conseil supérieur de la magistrature fut telle que le garde des Sceaux, Jean Lecanuet, renonça à sévir. Cette conception d'une extrême solidarité envers ceux qui sont dans la peine et les « petits » par rapport aux « gros » qui ne risquent rien est souvent en arrière-plan dans les affaires de catastrophes. La tentation d'aller dans le sens du social, de la victime, des malheureux est parfaitement légitime et honorable. Mais elle peut conduire à faire des erreurs. Ainsi, comme me le raconta une amie magistrate il y a trente-cinq ans : « Dans une affaire que j'ai jugée, je me suis trompée de pauvre. » Ce penchant peut entraîner les juges à des facilités, comme dans cette affaire AZF où le choix des preuves et des moyens dépendait essentiellement du regard porté sur la thèse « officielle » ou de son contraire. Par ailleurs, sur le plan de l'ordre public, mieux vaut quand même des juges qui disent ce qui s'est ou non passé plutôt que de maintenir le public dans une idée fausse et de le laisser penser que les juges sont des incapables, et l'État avec eux.

Le tribunal a pourtant pris ce risque dans des conditions quasi héroïques. Il lui a fallu, avant d'énoncer le constat de l'absence de preuves, étriller la société Grande Paroisse et ses défenseurs. Mais pas le directeur, car dans ce qui semblait être le « schéma » du président du tribunal, qui avait auparavant présidé la chambre sociale, c'étaient plus souvent les patrons qui avaient tort que les employés. N'étant qu'un employé indirect de Total, le directeur de l'usine était perçu d'autant plus favorablement qu'on ne pouvait rien lui imputer en lien avec le sinistre ni dans ses relations avec les ouvriers.

Après avoir blâmé, critiqué et un peu humilié la défense, l'agressivité des magistrats étant compensée par un humour corrosif à l'égard de toutes les parties, ce qui a donné plus de relief encore à la décision finale, le tribunal était mieux à même de présenter ce qu'il avait constaté, c'est-à-dire l'absence de preuves. Et donc l'impossibilité de condamner. Ce qui m'a fait dire en forçant beaucoup le trait que je préférais un « gauchiste légaliste » à un « mondain démagogue ».

Les débats à la cour d'appel de Paris ont été beaucoup plus urbains que devant le tribunal dans la mesure où les magistrats se sont montrés souriants, aimables et bienveillants, ce que l'on peut considérer comme un compliment majeur. La défense n'a peut-être pas su voir qu'elle était en train de se faire endormir et qu'en fait les dés étaient peut-être jetés avant même la fin des débats, pour aboutir, cette fois-ci sans complications, à une condamnation modérée, susceptible de satisfaire les victimes et peut-être les prévenus.

Une impression de gâchis

Alors pourquoi se battre ? Il est vrai que consacrer vingt ans de sa vie professionnelle à une affaire pour un résultat comme celui-là est décevant et que l'avocat a tendance à vouloir justifier son existence en jouant un autre jeu que celui de la connivence. Il est vrai aussi que si l'avocat prend trop d'aises avec sa tâche, qui se fonde sur la critique et la culture du doute, mieux vaut qu'il fasse autre chose, faute de quoi il est un escroc.

Les magistrats, eux, ne se considéreront pas comme des escrocs pour avoir biaisé l'analyse d'un dossier afin d'éviter d'en tirer des conséquences, même cruelles pour l'accusation, et en rupture de ban avec les thèses officielles. Au sein d'une collectivité et d'une corporation divisée mais quand même solidaire, le magistrat est soutenu, surtout quand il prend une décision susceptible de recueillir l'approbation unanime de ses collègues. L'avocat, au contraire, est tout seul avec sa conscience. Cela lui donne une exigence identitaire qui coïncide avec la nécessité pour lui de continuer à combattre jusqu'au bout.

Le système judiciaire lui-même favorise moins les idées reçues et les solutions conciliatrices que jadis. L'espace de la défense étant plus large, elle en arrive parfois à prendre des positions caractérielles. Le dérapage est plus aisé lorsqu'il se loge dans la contestation. Il est en tout cas plus visible que lorsqu'il s'évanouit dans l'indifférence complaisante ou la connivence.

L'arrêt de la cour de Paris n'entrera pas dans l'histoire par la grande porte. Et les magistrats qui ont rendu le jugement du tribunal de Toulouse n'ont pas encore tous bénéficié de tous les honneurs et d'une carrière aussi visible qu'ils l'auraient mérité[1]. Des siècles de culture judiciaire aboutissent à ce résultat. Il en ressort une impression de gâchis de temps et d'argent considérable pour arriver à entériner un résultat judiciaire médiocre au terme d'un parcours semé de monstruosités ou, comme dirait la cour d'appel de Paris, d'« erreurs » et de « maladresses ». Tout cela a coûté très cher.

Qu'allait pouvoir faire la Cour de cassation saisie une deuxième fois de ce dossier ? Voilà encore une question qui renseigne sur l'état de notre société judiciaire. Notre Cour de cassation elle-même fort critiquée est le produit d'une histoire particulière : celle du rapport des citoyens au juge, au législateur et aux rôles assignés à l'un et à l'autre en France.

1. Le président du tribunal de Toulouse dans l'affaire AZF vient cependant d'être nommé président de chambre à la cour d'appel de Versailles.

11

Le droit pénal et la recherche de la vérité

Le droit pénal s'est jeté sur ce sinistre d'AZF selon l'habitude et les mœurs du jour, si bien qu'on ne pourra jamais en trouver la cause. Le droit et la procédure pénale ne sont pas des outils adaptés à la découverte des causes et des vérités complexes. S'agissant de crimes, de délits, de meurtres, d'escroqueries, de vols, la recherche est simple. Il s'agit de trouver une infraction afin de la réprimer. Un crime ou un délit suppose nécessairement une faute dont le caractère volontaire rend plus facile la découverte. L'outil de recherche de la faute qu'est le droit pénal est donc parfaitement adapté à son objet, qui est la chasse au méchant. Les grandes énigmes criminelles sont souvent élucidées par l'intelligence des hommes, policiers, juges d'instruction et procureurs. Et sont aisées à juger par des juges qui ont le choix souvent facile entre le bien et le mal.

Il n'en va pas du tout de même dans les affaires techniques complexes d'homicides involontaires, d'abord parce qu'il n'existe pas d'intention coupable. L'homicide involontaire, comme son nom l'indique, est une infraction sans intention. Sinon elle entre dans une catégorie particulière de « violation délibérée de la loi » qui rejoint l'intention coupable.

L'inadaptation de l'instrument pénal quand il s'agit d'accident

Dans la plupart des accidents techniques, qu'il s'agisse d'accident d'aviation ou d'accident industriel complexe, on sort de l'épure de l'intentionnalité en prétendant rechercher les causes techniques pour découvrir une faute. L'objectif final de la recherche pénale, la faute, rejaillit sur les instruments et les techniques d'enquête. L'instrument pénal a montré son inefficacité et son absurdité dans presque toutes les affaires d'accidents d'avion depuis quarante ans[1].

1. Que l'auteur a suivi comme avocat dans cette spécialité pour la Direction générale de l'aviation civile.

La plupart de ces affaires se sont terminées par des non-lieux ou des relaxes générales, comme l'affaire de la collision aérienne au-dessus de Quiberon en 1985 ou les catastrophes du mont Sainte-Odile en 1992, et même celle du Concorde en juillet 2000. Les procédures pénales ont buté contre l'existence de la cause et échoué à trouver la faute en relation certaine et déterminante avec le dommage.

Par exemple, dans l'affaire du mont Sainte-Odile, le crash d'un avion sur la Bloss, une montagne des Vosges, la question était de savoir si les pilotes avaient volontairement fait une descente dangereuse et trop rapide ou s'ils avaient été induits en erreur par l'ergonomie du cockpit et la présence d'un seul bouton pour commander l'angle (une pression) et la vitesse de descente (deux pressions). C'est la question que s'est posée le BEA (Bureau d'enquêtes et d'analyses) dans son rapport. La justice n'a rien ajouté à cela, acceptant le fait qu'on ne pourrait jamais savoir si la descente des pilotes avait été volontaire ou non. La cour d'appel de Colmar a relaxé tout le monde au bout de quinze ans d'une procédure pénale stupide : il a fallu en effet quinze ans pour y arriver, plus deux ans de Cour de cassation, soit dix-sept ans en tout. Idem pour l'accident du Concorde, qui s'est terminé par une relaxe générale au bout de douze ans, le BEA étant le seul à y avoir vu clair.

Reste l'affaire du Rio-Paris, crashé le 1er juin 2009 à cause d'erreurs de l'équipage, ce qui a conduit les juges d'instruction à rendre un non-lieu au profit d'Air France et d'Airbus en septembre 2019. Mais la chambre d'instruction présidée par le fameux juge Halphen en a décidé autrement. Si les pilotes ont tout raté, c'est qu'ils n'étaient pas bien formés, donc Air France est renvoyée devant le tribunal en mai 2021, et Airbus tout autant, pour avoir conçu l'avion avec une technique et des équipements défaillants (les sondes de mesure de vitesse).

Les accidents aériens offrent un bon exemple pédagogique pour expliquer la problématique. Lorsqu'on s'en occupe, on se trouve paradoxalement devant une situation assez simple. L'avion étant plus lourd que l'air a tendance à tomber et les causes de la chute ne sont pas nécessairement liées à une faute, sauf le plus souvent de pilotage. Mais les pilotes étant décédés, la poursuite est impossible, sauf à la chercher du côté du constructeur et de la compagnie, comme dans le vol Rio-Paris.

Pour les professionnels de l'aviation, l'outil pénal est inadapté au traitement des accidents aériens. Un système parallèle s'est d'ailleurs mis en place dès le 7 décembre 1944 avec la convention de Chicago et son annexe XIII sur le traitement des accidents d'avion. Dans chaque pays existe un Bureau d'enquêtes et d'analyses, comme le BEA en France, l'AAIB (Air Accidents Investigation Branch) en Grande-Bretagne, le BFU (Bundesstelle für Flugunfalluntersuchung) en Allemagne, le NTSB (National Transportation Safety Board) aux États-Unis. Ce corps de recherches est destiné non pas à trouver une faute mais une cause, et il y parvient presque toujours. Et pour trouver la cause, il ne faut pas rechercher la faute, car c'est contradictoire : à partir du moment où les individus se sentent mis en cause pénalement, ils ont tendance à se protéger et à ne rien dire. La sécurité aérienne étant fondée sur le couple que forment le commerce et la vertu, le transport aérien ne peut exister sans vertu, sinon le business devient impossible. Ces accidents mettent bien en évidence l'inadaptation de l'outil pénal pour élucider un mystère dramatique.

Trouver des coupables à tout prix

Dans une affaire comme celle d'AZF, c'est encore plus complexe car les causes peuvent être réellement et virtuellement très nombreuses. Lorsque l'appareil répressif policier passe à la moulinette des centaines d'ouvriers, c'est la peur qui domine. Mettre en examen treize salariés afin d'essayer d'obtenir la vérité et par souci d'impressionner et/ou de rassurer le public est une ineptie. Les intéressés vont essayer de se protéger plutôt que de dire ce qui leur paraît être vrai, et leurs déclarations seront surdéterminées par cette préoccupation légitime.

Quand, dans le même temps, parce qu'elle ne souhaite pas contredire le procureur, la police attend sept jours pour aller faire une perquisition chez un potentiel suspect et trouve la maison vide et le ménage fait par son épouse, on voit bien que l'appareil a choisi. Il a choisi de chercher dans une certaine direction, et donc il doit trouver la faute dans cette direction. Et puisqu'il est chargé de le faire, il va y parvenir, quitte à ce que la faute trouvée soit le produit d'une combinaison de spéculations que la cour d'appel de Paris aura consacrées dans un arrêt mémorable.

Rechercher une *faute* n'a pas toujours à voir avec la recherche d'une *cause*. C'est adopter une grille de lecture qui falsifie la recherche. Quand un policier, pour se mettre à l'aise – et ce n'est qu'un exemple réel et bien concret –, pose son revolver sur la table pour interroger un suspect ou un témoin, bon ouvrier, bon père de famille, qu'il va interroger, il ne faut pas s'étonner que la méthode ait des résultats négatifs par rapport à l'objectif poursuivi. C'est pourquoi, dans le domaine aérien, le retour d'expérience inclut les fautes éventuelles des pilotes ou les observations matérielles d'un défaut, car c'est essentiellement la cause qui est recherchée, non la faute. Les intéressés le savent et ils comprennent que la franchise est la condition de la prise en considération de leur déposition et, par suite, de la sécurité aérienne à laquelle ils participent. Et ils savent aussi que, bien loin d'être ostracisée, cette franchise est valorisée. Cet esprit inspire même la réglementation européenne qui, par sa directive d'octobre 2010, privilégie la recherche des causes et organise les relations entre l'enquête de sécurité et l'enquête judiciaire en donnant en principe la primauté à la première. En bref, la sécurité repose sur l'analyse du retour d'expérience. Mais si celui-ci est source de poursuites, il n'est plus possible et le système ne fonctionne plus.

Pour résumer, en France, la faute est imprégnée de religieux, comme s'il s'agissait de la recherche du mal, comme si toute catastrophe était causée par un péché, ce qui est un moyen commode d'essayer d'émousser la tragédie. Si le mal est là, c'est que le diable existe. Il suffit de le trouver. Mais le diable a quitté les églises, comme beaucoup de fidèles, et s'est réfugié dans les palais de justice, où les juges s'emploient à le débusquer en la personne du prévenu.

L'affaire AZF est un exemple impressionnant de l'ineptie du système pénal français lorsqu'il doit traiter tout et n'importe quoi. Le décès de 31 personnes, les dégâts considérables auraient exigé davantage de finesse et moins de brutalité. Il est tentant et facile de faire incarner le diable par le puissant groupe Total. Le travail de la justice a été largement influencé par ces attitudes primitives et trop répandues.

Si l'on ajoute que, dans les jours qui ont suivi le 11 septembre 2001, l'obsession était qu'il ne s'agisse pas d'un attentat, l'inadaptation de l'instrument répressif est patente. La politique obéit à d'autres lois tout aussi légitimes que l'investigation et la recherche de fautes ou de causes. Sur le plan concret, vouloir mélanger les catégories aboutit à une sorte de brouet intellectuel. Comme le dit la légende d'une gravure de Goya : « *El sueño de la razón produce monstruos* » (« Le sommeil de la raison engendre des monstres »).

Sans doute le tribunal, par sa jeunesse, son enthousiasme et son légalisme, a-t-il vu le problème et en a-t-il tiré les conséquences. Il a accablé les prévenus et la commission d'enquête interne, y compris les avocats, mais a résumé sa position en disant en gros : ce n'est pas parce qu'ils sont mauvais qu'ils sont fautifs ; pour trouver une faute, il faut avoir une preuve, et sans preuves, c'est la relaxe. Et il a superbement ajouté une formule qu'il faut connaître par cœur, et c'est pourquoi je la répète : « Le droit pénal est un droit qui s'interprète strictement. Il s'agit là d'un pilier de notre démocratie. »

La cour d'appel de Paris en a décidé autrement. Ne s'est-elle pas sentie obligée de condamner, même à une peine relativement modérée – quinze mois de prison avec sursis au lieu de trois ans dont un ferme –, après la relaxe du tribunal à Toulouse ? Ne s'est-elle pas sentie obligée d'accomplir la tâche pour laquelle elle se croyait mandatée : trouver un coupable et le punir ? L'angoisse devant une relaxe qui mettrait en cause tout le système répressif depuis le tout début en 2001 ne l'a-t-elle pas entraînée vers la facilité, contrairement à la voie choisie par le tribunal ? On pourrait alors parler de facilité fautive puisque l'appareil judiciaire lui-même commettrait une faute en ne s'occupant pas de chercher autre chose qu'un péché à la suite d'un grave sinistre.

Comme l'a dit à demi-mot l'avocat général à la Cour de cassation dans le deuxième pourvoi, la justice est là pour trouver des coupables et non pas des hypothèses.

Sur ce qui est certain et ce qui reste incertain dans les causes du sinistre

L'hypothèse de l'attentat

L'attentat n'a pas été commandité depuis le fond des grottes de l'Afghanistan par Ben Laden. La défense a vérifié ce point – avec des moyens certes limités – auprès de spécialistes des islamistes détenus dans diverses prisons du monde.

L'affaire AZF n'a reçu aucun écho de quelque nature que ce soit dans les milieux djihadistes. Il est certain qu'il ne s'agit pas d'un sinistre planifié par Ben Laden comme les attentats du 11-Septembre à New York. Ce n'est pas parce qu'elle a eu lieu dix jours après l'effondrement des Twin Towers que l'explosion de Toulouse y est liée.

En revanche, il est certain que Toulouse connaissait déjà une fermentation des milieux islamistes. Comme on l'a dit, on n'a pas tardé à le voir ensuite avec les Merah, frères Clain et quelques autres. Cette ville était le vase d'expansion d'un terrorisme qui allait devenir français. Et si, comme les RG, la défense s'est vu rire au nez et s'est trouvée moquée à cette évocation, les rieurs se sont tus quand Gilles Kepel est venu expliquer à l'audience de Paris la nature de cette nouvelle vague terroriste. Les renseignements généraux avaient bien repéré cette mouvance naissante. En atteste leur rapport détaillé du 3 octobre 2001 cité précédemment, qui envisageait bien l'acte terroriste et évoquait des suspects. Mais personne n'a voulu prendre au sérieux leur propos, où il y avait bien sûr du bon et de l'approximatif, du vrai et du faux. Le « politiquement correct » a triomphé jusqu'à l'affaire Merah, avec le meurtre de militaires et celui d'enfants juifs et de leur père dans une école.

L'hypothèse de l'accident électrique

De multiples témoins ont constaté un grave désordre électrique avant le sinistre. Mais la chronologie est très difficile à constater et à prouver. La défense a soutenu pendant un moment la théorie de l'arc électrique car elle paraissait résulter clairement de témoignages. Mais ses propres recherches et celles des deux experts judiciaires désignés par le juge d'instruction – auxquels il faut rendre hommage pour leur sagacité et leur rapidité – ont rapidement mené à l'abandon de cette fausse piste, ce que la défense a été la première à faire savoir dans un communiqué.

L'accident chimique

On s'est gaussé de la commission d'enquête, qui a fait part très tôt de ses doutes sur l'expérience 24, laquelle est considérée comme une certitude pour l'accusation en 2005 mais qui perd de sa consistance au fil des années, de 2005 à 2017. On ne peut condamner des gens sur des conjectures que même la défense des parties civiles a pratiquement abandonnées lors du dernier procès. L'expérience 24 évacuée, c'est la fin de la vérité officielle.

Même à l'état d'hypothèse, ce mélange de chlore et de nitrate n'est pas vraisemblable comme cause du sinistre. Si c'est possible pour des experts qui ont été prisonniers de l'idée, cela n'en fait pas pour autant une cause certaine. Et c'est d'autant plus invraisemblable qu'en cent ans d'accidentologie, il n'y a jamais eu un exemple d'explosion de cette nature.

La nitrocellulose

La nitrocellulose découverte en décembre 2011, pendant le procès en appel à Toulouse, sous les fondations de l'usine Saica Pack située à 1200 mètres, aurait-elle pu se trouver sous celles du hangar 221 qui a explosé ? Rien n'est démontré. La discussion sur le vraisemblable existe. Mais ce n'est pas une preuve. Il s'agit là d'une simple hypothèse dont la défense elle-même n'a pas fait une preuve. Mais c'est une question qui n'a pas été assez sérieusement étudiée pour qu'on puisse l'éliminer. Si cet accident à l'usine Saica Pack était arrivé pendant l'instruction du juge Perriquet, nul doute qu'il aurait fait faire après son enquête une expertise à ce sujet. Mais survenu pendant le procès en appel en décembre 2011, cela n'a suscité aucune réaction de la cour malgré les efforts de la défense et ceux des salariés, parties civiles regroupés dans l'association

Mémoire et Solidarité. Pourtant leur avocat, Jean-Luc Forget, ancien bâtonnier de Toulouse, et Laurent de Caunes, qui défendait Mme Mauzac, ont demandé des investigations. Mais ils se sont heurtés au refus tant de la cour de Toulouse que de celle de Paris.

La double explosion

L'hypothèse de deux explosions a été écartée, car, selon la thèse officielle, il n'y en a eu qu'une. Il y a même eu, on l'a vu, des psys pour corriger les patients qui parlaient de deux explosions et qui ont considéré cette affirmation comme un symptôme de leur trouble post-traumatique. Comme si l'existence d'une deuxième explosion allait remettre en cause l'accusation !

D'abord, qu'il n'y en ait eu qu'une n'est pas sûr, puisqu'on peut parfaitement envisager un double phénomène à partir d'un seul accident chimique. Mais cette hypothèse de double explosion venait aussi prendre en compte dans les spéculations un éventuel accident à la SNPE, suivi ou précédé de fuites d'hydrazine, un carburant pour les fusées. Là encore, cela n'explique pas la cause du sinistre, même si, comme l'auteur de ces lignes, chacun peut croire qu'il y a bien eu une double explosion.

Les parties civiles et la vérité

Il faut toujours distinguer la preuve de la croyance. La réalité et la vérité, au moins une, est que personne aujourd'hui ne sait ni ne connaît avec certitude, à défaut de preuves, la cause du sinistre de Toulouse. De l'absence d'une enquête de la gendarmerie scientifique aux pitoyables expertises, tout a été saccagé par la procédure pénale. L'inadaptation de cet outil pénal à son objet a rarement été aussi dommageable.

C'est ce que nous avons plaidé devant le tribunal en 2009 et il nous a écouté avec l'esprit ouvert. C'est un fait. Au moins du positif dans ce drame.

L'une des conséquences de ce fiasco judiciaire aura sans doute été la création (enfin) en 2020 et 2021 d'un Bureau d'enquêtes et d'analyses sur les risques industriels[1] sur le modèle du BEA pour le traitement des accidents aériens. Ce BEA-RI a été consacré par la loi du 22 août 2021 qui organise l'enquête technique et les pouvoirs dévolus aux enquêteurs, et l'articulation de cette enquête

1. Arrêté du 9 décembre 2020.

technique avec l'enquête pénale par l'instauration d'un dialogue permanent avec le procureur et le juge d'instruction. Au procureur, au juge et aux policiers de chercher du côté de l'attentat ou de l'acte volontaire, au BEA-RI de rechercher les causes. Peut-être va-t-on enfin sortir d'un système inepte qui donnait toute la compétence d'enquête technique au judiciaire avec de médiocres expertises et de faibles experts.

La France est un des rares pays démocratiques à mélanger le pénal et le civil. Ailleurs, dans les autres démocraties, les deux sont séparés. En France, ce sont des victimes qui demandent réparation au tribunal pénal après condamnation. Les parties civiles recherchent elles aussi la faute. Constatant que le juge d'instruction n'arrivait à rien avec certains experts, elles en sont évidemment venues au schéma paranoïaque classique. Puisqu'il n'y a pas de preuves, c'est que le prévenu est responsable de leur disparition. Si on ne trouve pas le chlore nécessaire à l'hypothèse judiciaire, c'est forcément que « Total a fait disparaître » la benne contenant le produit déversé finalement dans le box du 221.

Il n'y a pas de limites… C'est une pathologie qui se répète dans toutes les affaires où l'on n'arrive pas à trouver de cause. Par définition, c'est le diable qui est responsable de tout, y compris de l'absence des preuves.

M. D., un membre éminent de la commission d'enquête interne, en sait quelque chose, lui qui fut poursuivi deux fois par les parties civiles, une fois avant le jugement de relaxe et une fois après, comme on l'a vu. La Cour de cassation a définitivement clos cette partie du dossier.

On voit bien à quelle folie peut arriver ce système. Au lieu du recours au pénal utilisé dans ce type de circonstances, on verra maintenant le BEA-RI prendre en main les investigations techniques. Avec la possibilité de demander éventuellement au juge d'instruction des moyens de contrainte car, de fait, cet outil de recherche n'en dispose pas. Et si la contrainte est effectivement nécessaire pour obtenir certains résultats dans les affaires de droit commun, elle l'est beaucoup moins dans ce type de dossier où l'on ne trouvera jamais un grand méchant comme cause du malheur. Le BEA-aviation n'a jamais demandé à quelque juge d'instruction que ce soit d'exercer une contrainte sur quiconque.

C'est triste, mais il faut s'y résoudre : nous devons renoncer à découvrir les causes de l'explosion de l'usine AZF. Les motivations viciées des condamnations de Serge Biechlin, le directeur, après une relaxe, à de la prison ferme et à une peine avec sursis, diminuée en appel à Paris, n'éclairent pas le sujet. Sauf pour démontrer que la prudence aurait voulu que les juges de Paris s'abstiennent de condamner, comme l'avait fait en première instance le tribunal.

La cour d'appel de Paris a cru donner un sens à cette affaire avec cette condamnation mi-figue mi-raisin. En réalité, faute d'avoir découvert les causes, elle a aggravé l'absence de sens en produisant la fiction d'une création de chlore par la supputation – un nouveau moyen technique inconnu des chimistes.

12

La défense

Serge Biechlin, le directeur de l'usine, et la société Grande Paroisse devaient-ils avoir une défense commune ?

La constitution de la défense

Au début, Jacques Monferran a démarré avec moi, puis mes associés de l'époque nous ont rejoints. Chantal Bonnard s'est occupée d'analyser le sujet sur le plan judiciaire individuel. La quinzaine de salariés convoqués l'ont prise comme conseil ainsi que Mauricia Courrégé qui s'est chargée également des pistes physico-chimiques, tandis que Simon Foreman se concentrait sur l'acte volontaire ou l'attentat. Jean-Marie Coste-Floret, spécialiste pour le chapitre des problèmes d'indemnisation, est aussi intervenu. Et tout ceci avec la collaboration de Jacques Monferran au civil et au pénal.

Cette défense collective s'imposait. Les salariés convoqués ont presque tous choisi de ne pas parler pendant leur garde à vue, ce qui était leur droit, que la PJ leur avait même alors rappelé (c'était la loi). C'était aussi leur intérêt, une manière encore de protester contre la brutalité du procédé et l'injustice qui leur était faite. Injustice qui a été d'ailleurs reconnue quelques mois plus tard par les non-lieux décidés par le nouveau juge d'instruction, Thierry Perriquet.

À l'origine, la société Grande Paroisse n'était pas mise en examen. Il n'y avait donc pas de sujet procédural à faire traiter par un avocat différent. C'est en toute fin de procédure que, pour nourrir un peu l'audience publique, Grande Paroisse a été *in extremis* mise en examen à son tour.

Pendant l'instruction, la défense s'est consacrée à sauver le soldat Biechlin. Une fois le non-lieu prononcé pour les autres salariés, y compris pour M. F., qui avait rempli la benne litigieuse, et pour le contremaître M. P., accusé de lui avoir donné son accord pour rentrer la benne dans le box du hangar 221 afin de l'y déverser, ne restaient plus devant les juges que Serge Biechlin lui-même et son employeur. On se demande en premier chef pourquoi tous les salariés bénéficient d'un non-lieu mais pas leur directeur !

La question de choisir pour Grande Paroisse un autre défenseur que celui de Serge Biechlin n'a pas fait l'objet de débats tant l'évidence que leurs intérêts étaient communs s'imposait. Et qu'un nouvel avocat arrivant après dix ans de procédure aurait été moins efficace. Dès le 21 septembre 2001 et pendant près d'une vingtaine d'années l'entreprise a été solidaire de son directeur et réciproquement.

Pendant le traitement de cette affaire à l'instruction, il y avait donc quatre avocats parisiens pénalistes et un avocat toulousain, Jacques Monferran, doté d'une grande expérience sur le plan pénal et connaissant par cœur les problèmes d'indemnisation. L'avocat Jean-Marie Coste-Floret, qui en est également spécialiste, a travaillé avec les autres avocats sur le volet indemnisation. Le troisième pilier sur lequel la société s'est appuyée pour les indemnités fut Patrick Timbart, directeur délégué de Total sur cette affaire pour l'organisation et le traitement des indemnités, la logistique du procès et le moral des troupes.

Après l'instruction, l'usine AZF étant sous le régime Seveso, Jean-Pierre Boivin et Manuel Pennaforte, spécialistes des questions de droit public de l'environnement, sont venus rejoindre la défense.

Cette équipe a défendu ensemble Serge Biechlin et la société Grande Paroisse jusqu'à l'audience de la cour d'appel de Paris après cassation de l'arrêt de Toulouse. Et toute cette période a été scandée de réunions parfois mensuelles avec les techniciens de la société Grande Paroisse et ceux qui étaient délégués par Total.

Les moyens de la défense

Il est rarissime dans une carrière d'avocat de disposer d'autant de moyens et de pouvoir pour mener une défense. La seule expérience comparable, bien que très différente, est celle que l'auteur de ces lignes a eue lors de la défense de l'État et des « faux époux Turenge » dans l'affaire du *Rainbow Warrior* en 1985. Une affaire si complexe que personne ne se bousculait pour s'en occuper mais dont ceux qui en étaient chargés étaient d'une très grande efficacité. De même pour AZF dans tout le travail accompli avec le concours de Total et selon un fonctionnement de prise de décision très adapté.

Ces situations où la défense est unifiée et s'adresse à des interlocuteurs responsables et à des décideurs peu nombreux sont extrêmement privilégiées. À certains égards, la défense de Serge Biechlin et de la société Grande Paroisse a connu le même confort de conditions de travail. Le dossier a été géré en petits groupes dans la plus totale harmonie.

En premier lieu, Thierry Desmarest, P-DG de Total, a été consulté une seule fois par la défense en près de vingt ans de procédure. Deux heures de réunion ont suffi, rien avant, rien après.

L'affaire elle-même était gérée par le directeur des ressources humaines et de la communication, Jean-Jacques Guilbaud, bras droit de Thierry Desmarest, devenu par la suite secrétaire général de l'entreprise. Là encore, la défense était favorisée par une confiance réciproque inspirée par l'efficacité et la rapidité d'exécution que chacun a pu constater. Cette confiance suscite un sentiment de cohésion et de solidarité.

La défense a disposé de tous les moyens humains et financiers possibles pour ses recherches et ses activités. Les directeurs juridiques successifs[1] ont mis toute leur énergie pour trouver les causes du sinistre. Jusqu'à enquêter aux États-Unis pour savoir si l'explosion d'AZF du 21 septembre 2001 rencontrait quelque écho dans les prisons du monde où étaient détenus des djihadistes. La réponse étant négative, on a pu en moins de six mois fermer une porte et, comme il a été dit, retourner vers l'étude des milieux locaux et de la fermentation toulousaine d'où auraient pu jaillir les acteurs de ce drame.

Nous avons eu accès à tous les scientifiques que nous voulions. Nous avons accueilli toutes les contributions volontaires dans l'entreprise et en dehors d'elle. À cette occasion, il nous est apparu très clairement, comme défenseurs, que les exigences du juriste n'étaient pas les mêmes que celles des techniciens. Les scientifiques consultés, notamment mathématiciens ou physiciens, éprouvaient légitimement une grande satisfaction à trouver une explication qui parfois leur faisait perdre le sens critique. Ainsi M. A., mathématicien toulousain renommé, avait, au moyen d'un modèle mathématique extrêmement performant,

1. Alain-Marc Irissou et Peter Herbel.

produit une théorie selon laquelle l'explosion avait eu lieu à la SNPE. Sauf qu'à un moment de son raisonnement, il n'y avait plus de preuves, un peu comme s'il nous avait présenté un alphabet dont il aurait manqué trois lettres sur vingt-six. Nous avions beau lui dire que ce n'était pas un alphabet, il nous répondait que ce n'était pas grave et que ces quelques inconnues ne ruinaient pas l'explication générale.

Nous avons découvert à cette occasion que le plaisir de trouver peut amener un scientifique à sortir des clous lorsqu'il applique ses connaissances à une méthode de travail judiciaire. Il nous a fallu écarter un grand nombre d'hypothèses parfois très intelligentes mais impossibles à prouver, et si le tribunal a montré le même sens critique que nous, l'accusation n'a pas appliqué cette méthode du doute. Je ne parle pas des initiatives de ceux qui, pour avancer dans leurs recherches, se sont fait passer pour membres de la commission d'enquête interne. Cela n'a pas renforcé leur crédibilité après la découverte qu'il n'en était rien. Mais cela n'a pas non plus amélioré la réputation de la commission d'enquête, suspectée d'être complice de ces usurpations.

Les choix de la défense

Encore une fois, le choix initial de la défense a été de ne soutenir que ce qui était prouvé. D'où sa modération très rigoureuse quand il s'est agi de soulever des hypothèses. Nous avons suggéré celle d'un attentat. Et le tribunal en est convenu. Il y avait des éléments que nous avons relevés et présentés, mais sans nous engager radicalement. Pour résumer, disions-nous, la superposition de multiples sous-vêtements ne fait pas sauter 300 tonnes de nitrate, en faisant allusion à cet accoutrement bizarre découvert par le médecin légiste sur le corps d'un intérimaire décédé dans le sinistre. C'est d'ailleurs ce médecin qui avait signalé le sujet à la police.

Les enjeux politiques de cette question d'attentat étaient très lourds. Certains sont même allés jusqu'à dire que la neutralité de Total en la matière était « compensée » par quelques concessions pétrolières au Moyen-Orient. Une supposition complètement farfelue témoignant de l'effervescence de certains journalistes d'investigation. Et puis, rien n'est plus gratifiant pour celui qui énonce une contre-vérité de ce genre que de donner l'impression qu'il est dans le secret des dieux, celui du gouvernement, celui de la plus grande société française, même si le produit de ses élucubrations ne repose que sur l'imagination ou la mode. Pour eux, le diable Total ne pouvait qu'être acheté par les autorités pour dissimuler ce qui embarrassait le pouvoir politique, à savoir cet attentat possible. Les médias comme les scientifiques nous ont donné l'impression d'être moins rigoureux que nous. Sans doute parce qu'il n'y avait aucune sanction pour eux à la sortie, contrairement à la défense. Si nous nous étions permis de soutenir fermement, comme étant une certitude, une simple hypothèse dont il aurait fallu détailler les fondements, la cause était perdue.

Nous naviguions entre deux dangers : celui du résultat qu'il y aurait à nous engager sur une voie incertaine qui, en cas d'échec très probable, aurait ruiné notre crédibilité; celui de ne rien avoir à opposer à l'hypothèse fausse des experts, et donc d'être condamnés, faute d'explication de notre côté.

Le tribunal n'est pas tombé dans ce piège. Il a suivi la rigueur de notre position en considérant qu'il n'y avait aucune preuve de quoi que ce soit et que, par conséquent, la relaxe s'imposait.

Les cours d'appel de Toulouse et de Paris se sont focalisées sur ce vide d'explications pour en retenir une, en quelque sorte par défaut, qui reposait sur une expertise judiciaire pourtant presque abandonnée. Ce que nous avions craint a fini par arriver.

À chaque fois, le plan des audiences a été le même. Évocation des hypothèses autres que celle des experts pour arriver à considérer qu'il ne restait plus que celle-là, et ensuite examen de cette hypothèse des experts avec un préjugé favorable car il n'y avait rien d'autre à se mettre sous la dent. Nous avions bien compris ce danger et assumé collectivement cette décision longuement discutée au sein de la défense.

Reste que nous avons fait valoir aux présidents de juridiction successifs que, pour l'organisation des débats, il valait mieux commencer par étudier la thèse des experts pour savoir si elle tenait la route, ce qui aurait épargné le soin de se pencher sur chacune des autres hypothèses dont il était par avance clair pour l'institution judiciaire qu'elles n'étaient pas confirmées. Mais la rhétorique judiciaire pénale étant ce qu'elle est, on a commencé par discuter de ce qui n'était pas possible du point de vue de l'accusation pour arriver à ce qui lui paraissait possible, c'est-à-dire à ce qui restait comme explication par défaut. C'est la technique de l'entonnoir. Malgré tout, le tribunal s'est arrêté en route dans ce raisonnement, expliquant qu'un dossier sans preuves ne pouvait donner lieu à une condamnation, même si, à part l'attentat de son point de vue possible mais improbable, aucune des autres hypothèses ne fournissait le chlore nécessaire à la démonstration des experts judiciaires. Or, n'en ayant pas trouvé, il a eu l'honnêteté de considérer qu'il ne pouvait pas condamner.

Ce sont deux façons différentes de voir la justice pénale que celle du tribunal et des deux cours d'appel.

Que se serait-il passé si, ayant de prime abord constaté que la thèse des experts ne pouvait se fonder sur une preuve, nous avions passé le reste du temps à explorer les autres hypothèses ? Le sort des hypothèses de l'attentat, de la double explosion et de ses causes, de la nitrocellulose aurait-il été différent si celles-ci avaient été étudiées après l'abandon de la croyance en la pertinence de la thèse officielle ? C'est un pur problème rhétorique. Quel aurait été le résultat ? Nul ne le sait.

Nous pouvons maintenir que si cette méthode avait été employée et qu'il avait fallu absolument trouver une cause, la cour d'appel de Paris pouvait tout aussi bien réussir à trouver « quelque chose » sur l'attentat, la double explosion, la nitrocellulose, ou alors prononcer faute de preuves une relaxe générale de tous sur tous les chefs d'accusation, comme l'a fait le tribunal.

Après une relaxe, la mise en scène judiciaire peut aboutir au même résultat : la relaxe. Mais elle a abouti deux fois à une condamnation, l'une à trois ans de prison dont un ferme et l'autre à quinze mois de prison avec sursis. Une navigation sur un océan d'incertitudes.

13

Les médias

Dans ce maelström, il faut aussi compter avec le rôle essentiel des médias. Ils sont assurément nécessaires. Mais la justice pénale passe par deux phases, l'une secrète d'abord, l'autre publique ensuite. Autant on ne peut que se féliciter de voir la manière dont ces trois fois quatre mois de procès ont été couvertes par les médias avec rigueur et compétence, autant la situation est différente dans la périlleuse période préparatoire de l'instruction.

La présence des médias lors des audiences publiques a introduit de nouvelles techniques. Ainsi la retransmission en direct des notes d'une journaliste exceptionnelle, Sabine Bernède de *La Dépêche du Midi*, qui tous les jours et à chaque audience envoyait une bordée d'articles et de notes d'audience sur le Net. C'est un art difficile qui suppose une capacité de synthèse exceptionnelle et une honnêteté irréprochable. Cette journaliste a réalisé là quasiment une première, avec beaucoup de talent, de continuité et de ténacité.

Les débats d'audience publique, lorsqu'ils sont dirigés par un président plein d'alacrité mais tout autant d'honnêteté intellectuelle – ce qui était le cas devant le tribunal –, présentent un grand intérêt. Ils obligent ou encouragent les journalistes à ne pas trop montrer leurs préférences. La tâche est difficile mais ils l'ont bien assurée pendant les deux premiers procès. Ensuite, le temps ayant passé, le public s'étant désintéressé de l'affaire, le dernier procès devant la cour de Paris n'a suscité qu'une quasi-indifférence.

Le bombardement médiatique

Pendant l'instruction, les choses sont plus complexes puisque, aucune preuve n'étant acquise, ce sont des suppositions successives qui sont retransmises, le plus souvent avec un souci de sensationnel.

Sommairement, il y avait une première école, celle du diable, à savoir Total, exploitant une usine poubelle avec un directeur sympathique mais démuni face aux exigences de la société qui l'employait. *La Dépêche du Midi* a ainsi défendu mordicus la cause de l'accident avancée par l'accusation. Elle en a été le soutien le plus féroce en se faisant la caisse de résonance immédiate de l'activité policière et de ses idées reçues. Sur le plan local, elle s'est faite en quelque sorte porte-parole des parties civiles ainsi que du procureur, de l'accusation et de leur bras armé, la police.

D'autres médias comme *Le Figaro* ont été plus rigoureux, notamment un de ses excellents journalistes de formation scientifique, Marc Mennessier, auteur d'*AZF, un silence d'État*[1] dont la quatrième de couverture est très éloquente : « Quelques heures seulement après le drame, les plus hautes autorités d'État écartent d'emblée la piste de l'attentat. Trois jours plus tard, le procureur de Toulouse leur emboîte le pas, se disant même sûr à 99 % qu'il s'agit là d'un accident. Restant sourds à toute autre hypothèse, policiers et magistrats vont, des années durant, s'évertuer à démontrer le bien-fondé de leur thèse, multipliant les explications scientifiques les plus contradictoires, alternant les silences embarrassés et les coups de menton vindicatifs. En vain : comme le

1. Marc Mennessier, *AZF, un silence d'État*, Seuil, 2008.

montre ce livre, au terme de cinq années d'une parodie d'instruction judiciaire, le dossier de la plus grave catastrophe industrielle qu'ait connue la France reste désespérément vide. Des zones d'ombre que nul n'a voulu en haut lieu éclaircir subsistent, qui permettent toutes les interrogations. Le procès qui s'ouvre dans quelques mois risque de jeter une lumière singulièrement crue sur les impasses de ce qu'il faut bien appeler un fiasco judiciaire. »

Le fiasco n'était pas encore consommé. Le journaliste ne parlait que de l'instruction. Il a pu dans son livre développer un soutien univoque de la thèse de l'attentat, et non se limiter à y faire allusion comme plausible. Mais pour des raisons déjà exposées d'absence de certitude, la défense n'a pas vraiment pu exploiter cette piste. C'est toute la différence entre une preuve judiciaire et une hypothèse intelligente et séduisante.

On voit la difficulté que peut avoir la défense à « soutenir » des journalistes. Il en a été de même dès l'origine avec Anne-Marie Casteret, une journaliste exceptionnelle de *L'Express*, convaincue de l'existence d'un attentat, comme elle l'avait été avec raison des tromperies dans l'affaire du sang contaminé qui l'avait fait connaître.

On en revient toujours au même sujet : une suspicion forte, voire étayée, n'est pas une preuve. Pour qu'elle le devienne, il existe des exigences, en tout cas sur le plan judiciaire, qui en l'espèce n'étaient pas réunies et ne permettaient pas d'aboutir à une certitude, mais seulement à un doute. Cette position éthique là a été celle de la défense et du tribunal mais malheureusement pas celle des cours de Toulouse et de Paris.

Le reste de la presse a clairement soutenu l'accusation. *Le Point* a même obtenu la communication d'un des rapports commandés par le juge avant même qu'il soit versé au dossier de la procédure ou transmis à la défense ! Les exigences du « bouclage » du journal s'imposaient. Le bombardement médiatique a été constant pendant toute l'instruction, en particulier au début.

Les réponses de la défense

Mais si la défense n'a pas intérêt à plaider son affaire devant les médias, elle est quand même obligée de répondre pour ne pas donner l'impression d'acquiescer à toutes les suppositions accusatrices farfelues. Elle ne pouvait que se fixer une ligne et s'y tenir : toujours répéter la même chose. Pour les uns comme pour les autres, c'est un peu lassant mais c'est la seule façon de défendre son client. La bonne méthode est de ne rien dire, mais la position n'est pas tenable longtemps. En tout cas, plus l'audience publique approche, moins il faut parler. Plaider son affaire devant les journalistes avant de le faire devant des magistrats est non seulement une grave incorrection mais aussi une grosse bêtise car, même si les journalistes ont de l'influence, ce ne sont pas eux qui décident.

Il n'y a guère eu de fenêtre de tir pendant cette période de cinq ans d'instruction, sauf celle qui s'est ouverte au moment de la reconstitution, avec le fiasco de l'expertise en octobre 2002. La défense a coiffé au poteau la PJ en faisant part à la presse de cette reconstitution ridicule à l'instant même de sa clôture. Le juge d'instruction et la défense ont pu respirer pendant trois ans, le temps que les experts trouvent une autre idée, celle de la fameuse expérience 24 dont on connaît le destin médiocre.

L'enseignement de tout cela est que les avocats sont bien obligés de répondre au bombardement médiatique. S'ils peuvent s'en abstenir, c'est mieux, mais ce n'est pas toujours possible. Il ne faut pas manquer les rares fenêtres de contre-attaque. Notons que les journalistes sont aussi fair-play. Ils ont toujours parfaitement rendu compte des plaidoiries. Comme s'ils avaient conscience que « la parole était à la défense ». Et pendant vingt ans ils ont toujours rapporté ce qu'elle disait sans trop d'acrimonie ni de critique. Ce fair-play s'est même manifesté d'une manière très inattendue et sympathique lorsque, après la cassation de l'arrêt de la cour d'appel de Toulouse pour défaut d'impartialité objective, un des principaux journalistes qui couvraient l'affaire, le même qui s'était fait régulièrement le procureur de Total pendant cinq ans, nous a téléphoné pour nous féliciter de ce succès.

En matière judiciaire comme dans d'autres domaines, il existe un jeu de rôle, et les journalistes en font partie. Il appartient à la défense de distinguer les mauvais joueurs et les bons joueurs. Dans l'affaire AZF, et c'est assez rassurant, la défense a eu droit à tout et à tous, au pire mais aussi au meilleur.

14

Sur les initiatives de la défense et leur résultat

Dans cette circonstance comme dans d'autres, une bonne question que doivent se poser les avocats est celle de l'importance exacte qu'a eue leur action sur le résultat obtenu.

Quelle part accorder à la défense ?

La relaxe devant le tribunal a-t-elle été le résultat du travail des avocats ? Les mauvais résultats dramatiques devant la cour de Toulouse puis médiocres devant la cour de Paris sont-ils en rapport avec quelque initiative, angle, présentation, discours, action de la défense ? Ce sont des questions auxquelles il est difficile de répondre avec exactitude dans la mesure où l'on peut apprécier l'action de la défense suivant deux axes : la prétention, un orgueil déplacé, ou une modestie excessive.

Un résultat peut être excellent avec une défense nulle. À l'inverse, une défense brillantissime peut aussi aboutir à des résultats désastreux. L'idée que tout dépend de la défense est fausse. C'est la première leçon de modestie qu'il faut tirer. Sans aucun doute, le choix qu'a fait la défense de ne pas soutenir l'impossible ou l'hypothétique était raisonnable et dans l'intérêt des clients, le directeur de l'usine AZF et la société Grande Paroisse. Quoique difficile et maintenue contre vents et marées, cette position rationnelle a certainement encouragé le tribunal à prendre la décision de relaxe puisque, finalement, même s'il ne l'a pas dit nous le savons, les vaticinations des experts ne l'ont pas convaincu. Les certitudes n'étaient pas au rendez-vous. Et les « maladresses », y compris celles du procureur, comme aime à les qualifier la cour de Paris, ont facilité la relaxe.

Devant la cour d'appel de Toulouse, rien n'était possible puisque les dés étaient pipés. Nous l'avons ressenti dès le départ et cette impression a été confirmée après l'arrivée. Les dés étaient pipés à cause de cette dissimulation par la cour de ce qu'un de ses membres, étant à la fois juge et partie, allait juger alors qu'il ne le pouvait pas. Disons que ce sont des facteurs extérieurs qui ont facilité la cassation pour nullité en raison de l'absence d'impartialité objective. Sans doute les magistrats de la cour de Toulouse sous la houlette d'un éphémère président du Syndicat de la magistrature ont-ils été émus par la détresse des parties civiles, qui ont souffert de la relaxe – sans pour autant se livrer à des manifestations bruyantes et transgressives de leur mécontentement. Ce que pouvait raconter la défense n'avait aucune importance. A-t-elle aggravé les choses en exprimant sa défiance ? La décision de prison ferme dépend-elle d'une attitude positive ou négative de la défense ? Il est vrai qu'en termes choisis, la défense a expliqué à la cour d'appel de Toulouse qu'elle n'avait aucune confiance en elle. On ne résistera pas à rappeler ici le mot de Georges Izard[1] au président de cour d'appel qui l'interrogeait : « Vous n'avez pas confiance dans la cour ? — Le plus

1. Georges Izard, 1903-1973, avocat, ancien secrétaire de la Conférence, essayiste, membre de l'Académie française, qui défendit Kravchenko contre Les Lettres françaises et Claudel contre Maurras.

immense respect, monsieur le président, aucune confiance. » En notre affaire, une manière de prévenir et de désamorcer la décision de condamnation à laquelle au bout de trois jours n'importe quel professionnel pouvait s'attendre, sauf les naïfs qui se bercent d'illusions.

Nous ignorions alors que la cour était en complet porte-à-faux et qu'elle avait conscience de la difficulté de siéger avec un juge qui était lié à une partie civile. Nous ne l'avons découvert qu'après le procès en cherchant à comprendre les raisons de l'agressivité manifestée par la cour à notre endroit dès les tout premiers jours. Le fait de ne pas s'être ouvert à la défense de cette difficulté, comme d'ailleurs le Conseil supérieur de la magistrature et la Cour de cassation le lui ont implicitement reproché, ce qui a justifié cette décision de casser. Affirmer de manière caricaturale, brutale, la faute des prévenus a peut-être été une manière de couvrir sa légèreté ! Une telle situation est bien rare dans les annales judiciaires.

Le positionnement agressif de la défense depuis le début du procès à la cour de Toulouse en réponse à l'agressivité des magistrats a-t-il aggravé les choses au point d'amener celle-ci à condamner à de la prison ferme au lieu d'une peine de prison avec sursis comme l'a fait ensuite la cour d'appel de Paris ? Là encore, la défense a toujours tendance à exagérer son importance, alors qu'en réalité on ne sait rien de solide ni de certain. D'autant plus que les magistrats eux-mêmes ne voient peut-être pas très clair dans ce qui leur est arrivé et dans les mécanismes conscients ou inconscients qui ont été enclenchés parce qu'ils s'étaient mis dans une impasse intenable.

Il en va de même pour la décision de la cour d'appel de Paris. La défense a-t-elle fait des gaffes ? A-t-elle eu un positionnement inapproprié par rapport à la situation qui se présentait, celle d'un renvoi après cassation mettant très sérieusement en cause les magistrats précédents ? Le corporatisme a-t-il joué ? On n'en sait rien. La défense a-t-elle été mauvaise ? Elle était certainement usée après dix-sept ans de travail, et après une relaxe du tribunal suivie de la déception devant la peine de prison ferme prononcée par la cour de Toulouse.

Lui aurait-il fallu déchirer sa robe devant la cour d'appel de Paris, déclarer la guerre, menacer de poursuivre dans l'opprobre une juridiction qui aurait condamné après la relaxe du tribunal ? Ou à l'inverse, ce qui fut le cas, prendre une position conciliante et souriante dans les plaidoiries après avoir été assez agressive pendant tous les débats ?

Les avocats se demandent toujours si « y aller très fort » ne va pas aggraver la situation de leur client ou si, au contraire, leur modération a-t-elle donné à la juridiction le sentiment que la défense s'accommoderait d'une petite condamnation. Si l'on y va trop fort, on se dit que c'est sa faute si le résultat est mauvais, voire très mauvais, et si on n'y va pas assez fort, on pense qu'on est coupable de trop de connivence.

Il n'y a aucune certitude face à cette question. Là encore, il faudrait se renseigner mais ce n'est pas possible puisque le secret du délibéré s'impose à tous et qu'il n'existe pas la possibilité, comme dans d'autres démocraties, notamment anglo-saxonnes, qu'un juge qui, dans la composition de la juridiction, ne serait pas d'accord exprime une opinion dissidente. Bref, il est certain qu'une défense agressive, tonitruante, ayant choisi un mauvais angle en soutenant mordicus des hypothèses non prouvées, n'aurait pas forcément permis la relaxe. C'est plutôt sa rationalité qui l'a permise devant le tribunal. Celui-ci, après avoir éreinté les avocats qui selon lui n'étaient pas capables de voir de supposées contradictions d'intérêts entre le directeur, Serge Biechlin, et la société Grande Paroisse qui l'employait, après avoir stigmatisé les insuffisances selon lui en matière de sécurité de l'usine, a fini par se rallier à la position de la défense qui était de ne pas soutenir l'hypothétique. Il y a certainement une relation entre ce positionnement et le résultat positif.

C'était risqué, en effet, et cela n'a pas réussi devant la cour d'appel de Toulouse comme devant celle de Paris. Les parties civiles et même les avocats généraux ont parié sur la preuve par défaut. Puisqu'il n'existe aucune hypothèse valable, sérieuse, certaine (double explosion, nitrocellulose, attentat), il n'en reste qu'une, puisque cela a bien explosé : c'est la thèse officielle. De toute façon, la défense n'avait pas le choix. Plaider l'insoutenable, l'hypothétique ou la supputation est trop souvent le fait des avocats, mais là ce fut celui des magistrats des deux cours.

Les cinq décisions capitales de la défense

La première décision capitale de la défense a été d'encourager une reconstitution à partir du rapport des experts. Celle-ci a été organisée par le juge d'instruction Thierry Perriquet. C'était un acte non pas hasardeux mais mûrement réfléchi : pour avoir fait des essais nous savions que ça ne marchait pas. En matière judiciaire, la prudence exige de ne jamais poser de question quand on n'est pas sûr de la réponse.

La deuxième a été de faire témoigner à l'instruction un premier chimiste de Total, qui a relevé les contradictions entre les fiches de l'expérience de M. Barat et ce qu'il prétendait.

La troisième décision a été de faire témoigner un autre chimiste de la société, M. B., qui a impressionné le tribunal en démontrant d'une manière implacable que la thèse des experts supposant que le dépôt de 1,5 kilo seulement de DCCNa sur la benne aurait entraîné l'explosion ne résistait pas à l'examen : en quarante-huit heures, il aurait eu le temps de se décomposer. Ce fut le début d'une débâcle pour les experts, qui ne savaient plus ensuite où mettre ce chlore virtuel et introuvable. Nous revenions à une situation introduisant le réel (le DCCNa se décompose à l'air libre) dans des analyses fantasmatiques. Il n'y avait donc plus d'expertise.

La quatrième décision capitale a été de se polariser sur la puissance de l'explosion dans l'expérience 24. Car celle obtenue par les experts dans leur test était insuffisante même pour faire exploser le nitrate voisin, même dans le box. Le mélange DCCNa-nitrate produisant du trichlorure d'azote, ils n'avaient pas réussi à faire sauter le reste de nitrate de leur propre expérience.

Ces quatre bonnes décisions ont été capitales. Pour compléter le travail, la défense a fait appel à un expert belge, Michel Lefebvre, personnalité remarquable, scientifique plein de sang-froid et d'esprit, infatigable voyageur sur le plan international et qui s'est ensuite notamment occupé de l'attentat de l'aéroport de Bruxelles. Il est arrivé à démontrer expérimentalement la vanité de l'expérience 24. D'où l'appel à l'aide en dernier recours de l'expert à un témoin de l'accusation qui, au lieu de sauver les restes de son expertise, a signé sa tragique vacuité. C'est dire que les experts eux-mêmes considéraient alors que leur thèse était foutue, mais, pour la cour de Paris, la priorité a été de préserver la poursuite.

Le tournant pris par le dossier a commencé par la reconstitution et s'est terminé par le hara-kiri des experts et l'obligation pour la cour d'appel de Paris de recourir à une rhétorique plus que discutable pour qualifier ce travail *in extremis* mais désespéré de « maladresse procédurale ».

La cinquième décision efficace de la défense a été d'aller jusqu'à la limite de ses possibilités juridiques. Nous savons qu'en France la défense a peu de pouvoir.

Depuis l'ordonnance de Villers-Cotterêts de 1539, et pendant trois siècles, l'avocat n'existe pas au pénal. Seul existe le tête-à-tête entre le « lieutenant-criminel » puis le juge d'instruction et son « patient ». Il extrait les paroles du corps de celui-ci. Ce n'est qu'en 1897, après une campagne menée par Clemenceau pendant vingt ans, que l'avocat a réussi à pénétrer dans les cabinets des juges d'instruction et a pu être présent lors de l'interrogatoire de première comparution. Il n'avait alors le droit ni de parler, ni de commenter, ni de poser des questions, mais le pied était dans la porte et, en cent ans, il en a forcé l'entrée. C'est ainsi que, depuis 1993, l'avocat a le droit de demander des investigations – que, dans 90 % des cas, le juge refuse.

Mais dans l'affaire AZF, grâce à cette évolution et à l'ouverture d'esprit du juge d'instruction Thierry Perriquet, 80 % des 200 demandes de la défense ont été acceptées par celui-ci. Quitte à être mal exécutées ensuite par la police judiciaire, comme on l'a vu pour les deuxièmes demandes. La PJ a mis un an à se décider à mener quelques-unes des timides investigations suggérées par la défense et approuvées par le juge. Et elle ne l'a fait qu'au moment où il n'y avait plus grand-chose à voir ou à entendre.

Reste que, en s'appuyant en réalité sur une contre-enquête organisée par les avocats, la défense d'AZF a été tout à fait nouvelle. Il a été décidé avec le client d'auditionner systématiquement, sous réserve de leur acceptation, toutes les personnes qui avaient déjà été entendues par la police judiciaire. C'est ainsi que tous les ouvriers volontaires et leurs représentants au sein de l'entreprise ont été entendus en interne et sous la supervision de la défense, après leurs auditions à la PJ, ne serait-ce que pour savoir comment celles-ci s'étaient passées. Une cadre de la société Grande Paroisse était préposée à l'organisation de ces auditions. Imprégné d'une culture inquisitoire, le tribunal a évidemment été interloqué par cette initiative, ne parvenant pas à comprendre ce que pouvaient bien faire les avocats. Si bien que lorsque cette question de la contre-enquête a été évoquée, le président Le Monnyer m'a demandé à l'audience : « Mais, ce n'est pas vous, maître, qui avez organisé ces auditions en cours d'instruction ? » J'ai répondu : « Et pourquoi pas, monsieur le président ? ». Et on en est resté là.

De celui qui prononce un grand discours quand « les carottes sont cuites » – ce qui était son rôle traditionnel –, l'avocat est devenu un acteur plus important. Il peut demander des investigations et, malgré tout, ébaucher une sorte de contre-instruction. Ce choix le fait naviguer, ce qui a été notre cas, entre les écueils du délit d'entrave et celui de la subornation de témoin. Il lui faut agir avec « délicatesse » selon son obligation déontologique, mais cela revient aussi à passer par le chas d'une aiguille. Ce fut réussi. En cela, cette affaire a été un prototype : la parfaite rectitude de nos travaux n'a pas laissé la place à quelque malveillance que ce soit ou au remords d'un salarié se reprochant de nous avoir parlé. Le budget que Total a mis à notre disposition nous a permis d'avoir recours aux meilleurs scientifiques et de transformer cette instruction, préfigurant peut-être ce qu'elles devraient toutes être demain.

Une affaire française

Les circonstances étaient exceptionnelles. Le client, puissant. Le juge d'instruction, ouvert. L'équipe de défense, éclectique et unie. Et son travail colossal inspirait le respect, surtout lorsque, après l'écroulement de l'hypothèse des experts lors de la reconstitution du mois d'octobre 2002, le juge d'instruction s'est trouvé à sec devant un océan de questions, et a été très heureux de voir une défense le seconder pour essayer de dégager la vérité de quelque chose.

Le recours à un expert, Michel Lefebvre, contre-enquêteur technique disposant d'un budget à la mesure de sa demande, a aussi transformé la perception de la défense jusqu'à la rendre odieuse aux yeux de certaines parties civiles, qui l'ont ressentie comme une menace.

Aux États-Unis, il n'existe pas d'experts officiels (en Angleterre, cela commence, mais très différemment) : c'est à la défense de faire les enquêtes et contre-enquêtes nécessaires, ce qui fait dire à chacun que la justice américaine est une justice de riches. Ce n'est pas faux puisque – sauf cas particuliers dans certaines villes – il n'existe pas de financement véritable de l'aide judiciaire pour soutenir les efforts de la défense et les investigations qu'elle accomplit. Quoi qu'il en soit, tout repose sur elle.

Certains diraient qu'en France c'est mieux parce que c'est moins cher et que ce n'est pas au prévenu de payer pour se défendre mais à l'État de rémunérer les experts. Pourtant, c'est le plus souvent pour que ces experts renforcent l'accusation. Si bien qu'on se retrouve parfois dans une situation pire qu'aux États-Unis, avec une accusation très solide, étayée par des experts accusateurs, et une défense aux mains liées, timorée, craintive, craignant de déborder et d'être poursuivie pour trop d'activité. Il ne lui reste plus qu'à gueuler, ce qu'elle sait faire mais le plus souvent sans autre résultat que de susciter l'hostilité.

C'est en cela qu'AZF est une affaire française. Elle montre les failles de notre procédure et de nos mentalités judiciaires, mais elle indique aussi les possibilités d'avenir. Le texte de 1993 offrant la possibilité aux avocats de demander des investigations leur a incontestablement donné un petit pouvoir sous la tutelle des juges d'instruction pour préparer les questions qu'ils ont à poser et justifier leurs demandes. Ils finiront forcément par avoir la capacité de faire l'enquête eux-mêmes, ce qui leur est toujours interdit aujourd'hui et est sanctionné par la Cour de cassation. La mise en pratique très encadrée et limitée de cette nouveauté dans la recherche des causes par la défense a certainement, dans l'affaire AZF, contribué à énerver le tribunal tout en facilitant la relaxe. Et a suscité l'hostilité de la cour de Toulouse, qui a trouvé que l'appareil judiciaire était concurrencé par du « privé », ce qui est insupportable en France. Quant à la cour de Paris, elle s'est sans doute aussi sentie mise en danger par l'activisme d'une défense qui s'était offert le luxe de ne jamais franchir la subtile ligne rouge entre ce qui est permis à l'avocat et ce qui lui est interdit.

Pouvoir refaire sur la suggestion du tribunal les expériences d'un expert judiciaire et les critiquer avec des données concrètes est évidemment un grand luxe. La démonstration que l'explosion fabriquée par les experts en laboratoire ne pouvait même pas faire sauter le nitrate voisin, et donc *a fortiori* ne pouvait en aucun cas atteindre le tas principal. *Last but not least*, des essais menés en Écosse, dans le comté de Thurso, en août 2011, par les experts de la défense, ont démontré que, même si le box avait explosé, les projections du mur le séparant du tas principal de 300 tonnes de nitrate n'auraient pas pu faire exploser celui-ci. Donc pas de chlore, pas de puissance pour faire exploser le box. Et quand bien même il y aurait eu du chlore, cela n'aurait pas pu faire exploser le box et encore moins le tas principal. Il ne reste rien de l'accusation.

15

Sur le rôle des parties civiles

Même s'il faut rendre hommage à la résistance et à l'alacrité du chef de file des parties civiles, Me Stella Bisseuil, qui s'est montrée d'une ténacité digne de respect et d'admiration pendant ces vingt années, il n'en reste pas moins que le système est affreux. Certes, comme dans toutes les affaires d'accidents, la détresse des victimes est dramatique. Mais à partir du moment où celles-ci, de leur propre aveu, sont correctement et rapidement indemnisées, où le Parquet mène ses poursuites avant une instruction bien menée – ce qui a été le cas (même si la défense a trouvé son arrêt prématuré et l'a dit) –, la dernière compensation qui leur est accordée en France avec leur place au pénal, inspirée par une notion dite « vindicative », n'est pas saine. Car en réalité cette place des parties civiles au pénal n'a pas pour objectif de connaître la vérité mais plutôt de soutenir l'action publique et de participer à la condamnation des personnes poursuivies. Les victimes d'AZF, qui ont toute la compassion des avocats de la défense et de leurs clients, se sont toujours montrées d'une dignité admirable, il convient de le relever. On l'a constaté lors du prononcé du jugement de relaxe par le tribunal. Qu'il leur soit ici rendu hommage.

Pourquoi les victimes ne se sont-elles pas attachées avec autant de vigueur à la thèse de l'attentat qu'à la thèse chimique ? Pourquoi ont-elles refusé toute idée d'accident causé par la présence de nitrocellulose dans le sous-sol et ont-elles nié absolument, contre toute évidence, l'existence de deux explosions, contraires au dogme de la poursuite mais bien réelles si l'on examine avec un peu de bonne foi certains témoignages ? Certains de ces témoignages sont vains, d'autres erronés ou approximatifs, mais quelques-uns demeurent suffisamment crédibles et implacables pour soutenir, comme le fait la défense, qu'il y a bien eu deux événements.

Cela n'exonère nullement la recherche de la responsabilité des prévenus sauf que la faute ne peut être sanctionnée que si la cause est certaine. Et le lien entre la faute et le sinistre également certain. Dans l'affaire AZF, on ne l'a pas trouvée. Le procureur n'y est point parvenu. Le tribunal a constaté, sans s'en plaindre, qu'il n'y avait pas de preuves. Et, croyant tenir des coupables, les parties civiles se sont obstinées à guerroyer et à harceler des gens comme ceux de la commission d'enquête interne et l'un de ses membres éminents. Et cela alors même que l'institution judiciaire s'est toujours refusée à considérer qu'il existait la moindre infraction dans le comportement de ceux qui participaient à cette commission d'enquête interne. Mais leur obsession anti-Total a été plus forte que tout.

À quoi bon ? Pourquoi de tels comportements ? Ils sont directement induits par la procédure qui, malgré l'indemnisation de leur préjudice au titre de la responsabilité sans faute, pousse les victimes à en chercher une à tout prix. On observe ce vice français aujourd'hui chaque fois que l'action publique, c'est-à-dire l'accusation, se trouve renforcée par des associations privées qui, en concurrence avec le Parquet, se portent à la défense d'un morceau d'intérêt général qu'elles s'approprient. Ce mouvement a été encouragé par les incidences politiques de certaines plaintes : par exemple, avec la création par Arnaud Montebourg d'une association des contribuables parisiens, c'est-à-dire quelques copains, afin de poursuivre pour prise illégale d'intérêts Alain Juppé qui occupait un appartement de la Ville de Paris au loyer très modéré. Le Parquet n'y voyait *a priori* avec raison rien de majeur à redire, mais les parties civiles *ad hoc*, fabriquées par un agitateur, ont réussi à faire déménager l'ancien Premier ministre. L'association Anticor, dont le financement a été contesté, a failli se voir refuser le renouvellement de son agrément en 2021, mais après un sursis de deux mois le gouvernement le lui a lâchement reconduit[1].

Dans l'affaire AZF, avec une partie civile, la Fenvac, le Parquet se trouvait affublé, plutôt que soutenu par un défenseur spontané de l'action publique n'obéissant à aucune des règles de la magistrature ou du Parquet et n'offrant aucune des garanties prévues pour l'activité judiciaire.

1. Et le voilà avec en face de lui une association qui dénonce une prise illégale d'intérêts dans le financement du travail de repérage informatique des personnes atteintes du Covid, et en partie civile contre le garde des Sceaux dans l'affaire des fadettes des avocats susceptibles d'avoir connu la taupe ayant permis au président Nicolas Sarkozy de savoir qu'il était toujours écouté.

Alors qu'en Italie aucune victime ayant été indemnisée n'aurait pu être présente à l'audience, en France, on en était arrivé, on l'a vu, à financer les victimes souhaitant assister au procès. D'où la nécessité de louer la plus grande salle de Toulouse (1 700 places), une sorte de Mutualité toulousaine[1].

Chacun peut comprendre que c'est une situation insensée. En poussant jusqu'au bout la déraison de notre système pénal, l'affaire AZF aura permis de constater son absurdité.

---

1. Dans aucun pays au monde, les parties civiles n'existent de la manière française. Pas de parties civiles du tout dans les pays anglo-américains, très différemment présentes dans les juridictions allemandes, limitées aussi à la Cour pénale internationale, où elles ont été introduites sous la pression française mais ont contribué à alourdir et à altérer l'efficacité de la juridiction pénale internationale déjà très handicapée.

Épilogue

Un cas d'école

Après avoir cassé le premier arrêt de la cour d'appel de Toulouse, la Cour de cassation a refusé le 17 décembre 2019 de casser celui de Paris et a ainsi mis un terme à la procédure française.

Dans notre système, les « avocats aux conseils[1] » ont le monopole de la représentation des justiciables devant la Cour de cassation. Ce sont les seuls à conclure et à plaider. Les avocats à la cour, comme nous, ne font que les assister. C'est donc l'un d'eux, Thomas Lyon-Caen, qui a obtenu la cassation du premier arrêt de la cour de Toulouse pour défaut d'impartialité objective. La Cour de cassation a, semble-t-il sans hésitation, cassé l'arrêt de Toulouse puisqu'un juge conseiller de cette

---

1. Le titre complet est « avocats au Conseil d'État et à la Cour de cassation ».

cour d'appel ne pouvait être à la fois juge et partie. Juge pour statuer en appel du Parquet sur la relaxe rendue par le tribunal ; partie parce qu'une de ses membres était vice-présidente de l'Inavem, une association d'aide aux victimes ayant conclu des accords de coopération pendant le procès en appel avec l'une des parties civiles, la Fenvac.

Du côté de la défense, tant parmi les avocats que les clients et leur entourage, rares sont ceux qui se montraient optimistes. Jamais, pensaient-ils, la Cour de cassation ne désavouerait des collègues magistrats d'une cour d'appel sur un point aussi lourd. Et ils se disaient que triompherait l'habitude française de soumission au « n'importe quoi judiciaire » et surtout à la solidarité manifeste entre magistrats. D'autres, comme Jacques Monferran, qui avait trouvé le vice affectant la décision, et moi-même, étaient convaincus que devant cette histoire insensée, énorme et complètement hors norme, la cassation s'imposerait.

Ce fut cassé ! Parce que, heureusement, la CEDH exerce un contrôle véritable sur les juridictions internes des États membres du Conseil de l'Europe. Que cette confusion des genres et un tel conflit d'intérêts soient plaidés à la CEDH aurait fait honte à notre pays. Sans cette décision de cassation, toute la justice française aurait été considérée comme une justice bananière. Ce ne fut donc pas le cas. Et dans les deux minutes qui suivirent l'énoncé de son arrêt, on l'a vu, la Cour de cassation fit passer un communiqué officiel à la presse sans équivoque et extrêmement sévère pour la juridiction toulousaine.

Quand, après la première cassation, l'arrêt de la cour de Paris a été rendu et s'est révélé susceptible d'être cassé à son tour, nous avons déposé de nouveau un pourvoi. La question de Thomas Lyon-Caen, notre avocat aux conseils, était la suivante : « [...] J'ai surtout acquis rétrospectivement la conviction qu'après la première cassation prononcée dans cette affaire, les prévenus ne pouvaient plus, compte tenu du motif de cette cassation, être jugés sereinement et sans a priori devant une cour d'appel de renvoi. »

Cette réflexion faisait référence au commentaire d'une décision de la cour d'appel de Londres en 1993, mentionné plus haut. La cour britannique avait alors annulé sans renvoi la condamnation dans une affaire de meurtre par une cour d'assises au motif qu'on ne pouvait plus juger l'affaire équitablement, compte tenu de la pollution médiatique irrémédiable qui avait précédé.

Dans l'affaire AZF, était-il possible de juger après la pollution initiale de l'affaire par le procureur de la République affirmant trois jours après le sinistre que c'est « un accident » – suivant en cela les déclarations plus prudentes faites le jour même par le Premier ministre Lionel Jospin : « C'est un accident ou autre chose » ?

Et comment la cour de Toulouse pouvait-elle juger, après avoir obéi au premier président qui avait refusé que l'assesseure placée dans une situation impossible soit remplacée, et cela à deux reprises : à la conseillère elle-même et au président de la composition de la cour, qui l'avait lui-même demandé[1] ? Pour la deuxième fois dans cette affaire, un magistrat sortait de son rôle. La gestion peu ordinaire de cette affaire n'exprimait-elle pas le souci « d'en finir » vite plutôt que de juger correctement selon les normes, les règles et le bon sens ? L'obéissance des juges de la cour d'appel de Toulouse à leur premier président a pollué toute la suite du processus judiciaire.

Une troisième énormité a été l'expertise. Comment dans une société démocratique peut-on

1. Décision du Conseil supérieur de la magistrature, en date du 23 septembre 2014, qui rappelle l'historique après enquête.

accepter qu'un expert judiciaire nommé par un juge d'instruction produise des expériences faussées destinées à satisfaire les victimes ?

Et, le bouquet : quatre semaines avant la fin de l'audience à Paris, hors de toute procédure, peut-être, ou pas, à l'instigation du Parquet, ou même pas du tout, l'expert judiciaire qui a réalisé l'expérience 24 à la base du renvoi devant le tribunal puis devant la cour d'appel propose une nouvelle explication avec le concours d'un témoin de l'accusation[1].

Comment, après avoir cassé une première fois, la Cour de cassation pouvait-elle ne pas jeter un regard global sur cette procédure ? Elle se serait aperçue qu'il n'était plus possible de juger cette affaire, et ce depuis la cassation de l'arrêt de la cour d'appel de Toulouse. C'est la question que pose encore l'avocat aux conseils Thomas Lyon-Caen : « Était-il possible après une fracassante cassation prononcée, faute pour les magistrats d'appel toulousains d'avoir déclaré les liens d'intérêt unissant l'un d'entre eux avec une des parties

1. Il n'est plus resté pour défendre cette expérience que Sylvie Topaloff, excellente et courageuse avocate de la CGT, partie civile.

civiles, que les prévenus soient finalement relaxés par d'autres magistrats d'appel, fussent-ils désormais parisiens et non plus toulousains ? »

Étant donné le précédent de Toulouse, la défiance justifiée à l'égard de cette juridiction d'appel ne pouvait que se répercuter à l'endroit de celle de Paris. Comment faire confiance à une juridiction dont l'avocat général, quatre semaines avant la fin du procès, transmet sans commentaires aux parties une note signée par un témoin de l'accusation qu'il a cité et un expert judiciaire. Un « rapport » qui n'a jamais été discuté et qui détruit les précédentes expertises ? « Était-ce bien nécessaire ? » dit la présidente. Mais comment tolérer que la cour considère que ce n'est qu'une simple « maladresse procédurale » ?

Les juges voulaient condamner. Ils cherchaient à entériner une situation qui s'imposait à eux pour de multiples raisons, parmi lesquelles, peut-être, la solidarité avec les juges précédents, ou bien une perception de l'ordre public exigeant « qu'on en finisse ».

Évidemment, on peut ne voir dans ces énormités que des « maladresses » ou des « erreurs ». Mais il y a un moment où il faut regarder les choses en face : c'est le chaos !

Le dire aurait pu être dans le rôle de la juridiction suprême, et, après sa première cassation, d'en faire une seconde sur l'arrêt de la cour de Paris, l'affaire n'étant plus en état d'être jugée. Ainsi que l'énonce l'avocat aux conseils : « La réflexion m'a mené au premier écueil auquel, selon moi, nous avons été confrontés : la difficulté pour la Cour de cassation, juge du droit, à appréhender la globalité d'une procédure. »

Mais là où la Cour européenne des droits de l'homme retient une approche globale concrète de la procédure, la chambre criminelle de la Cour de cassation exige la critique des moyens *de détail* de l'arrêt attaqué, mais pas de sa globalité. Ne prenant en compte que des actions ponctuelles de droit et de procédure, « elle est coincée entre la cour d'appel, qui évoque le droit et le fait, et la CEDH, qui en fait autant. Peut-être faudrait-il faire évoluer ce rôle pour qu'elle sorte de l'impasse dans laquelle on la force à rester ? Que le juge du droit ait la possibilité d'examiner les affaires en fait et en droit dans leur globalité, comme le fait la CEDH ? » poursuit Thomas Lyon-Caen.

Il lui est pourtant arrivé d'être très habile pour donner malgré une situation très compliquée des solutions à des affaires dont elle était saisie, malgré l'absence dans le tiroir des outils pour y parvenir. Ainsi, dans l'affaire Pierre Goldman, condamné à perpétuité pour avoir tué une pharmacienne et son assistante, la chambre criminelle de la Cour de cassation a cassé cet arrêt le 20 novembre 1975 au motif que les procès-verbaux d'auditions de témoins n'étaient pas datés.

Le greffier qui avait rédigé ces procès-verbaux lors du premier procès d'assises, Jacques Wilmès, a alors déclaré : « La Cour reproche le fait que l'arrêt sans date ne mettait pas en mesure la chambre criminelle de vérifier si le délai de trois jours prescrit par la loi avait été respecté» (trois jours entre la citation et la déposition). Il expliquait : «Je n'ai pas daté ce procès-verbal conformément à une jurisprudence constante de la Cour de cassation selon laquelle ce délai n'est pas prescrit à peine de nullité et qu'il n'y a pas à mentionner la date à laquelle le procès-verbal a été signé. » Et il concluait : «Je ne puis admettre qu'à la faveur d'une interprétation tendancieuse de ce revirement de jurisprudence, on mette en doute la valeur fidèle et probante de ce procès-verbal et que je sois l'objet de telles accusations qui portent atteinte à mon honneur professionnel après plus de trente-cinq ans d'exercice des fonctions de greffier à la cour d'assises de Paris. »

Et il était vrai que, depuis trois générations, les greffiers ne dataient pas les procès-verbaux d'auditions de témoins et que tous les pourvois s'appuyant sur ce thème étaient rejetés. Il est vrai aussi que, après la cassation dans l'affaire Goldman, lorsque ce moyen fut soulevé dans d'autres affaires il fut rejeté. Mais la Cour de cassation s'était montrée sensible au mouvement d'opinion qui avait commencé à se développer à partir de la publication du livre de Pierre Goldman, *Souvenirs obscurs d'un juif polonais né en France*. Éprise de justice et «coincée» par l'absence, à l'époque, d'appel des arrêts de la cour d'assises, elle avait été obligée de sortir de son carcan sous les applaudissements de tous. Jean-Paul Sartre, Simone de Beauvoir, Maxime Le Forestier, Simone Signoret, Pierre Mendès-France et d'autres : tout un mouvement de personnalités du cinéma et de la vie intellectuelle avait formé un comité sous l'égide de Georges Kiejman pour exiger la cassation de l'arrêt condamnant Pierre Goldman à perpétuité. Giscard d'Estaing lui-même aurait déclaré en privé : «Si Pierre Goldman est innocent, il doit être rejugé.» Ce fut le cas et cela se termina par un acquittement. Même François Mitterrand prit position en faveur de l'innocence de Goldman.

Dans l'affaire Goldman, l'avocat aux conseils était Arnaud Lyon-Caen, l'oncle de Thomas Lyon-Caen, l'actuel avocat à la Cour de cassation dans l'affaire AZF. Mais cette affaire ne pouvait obtenir un soutien comme celui qu'a eu Pierre Goldman. Total, c'est le diable : donc tout est monté à l'envers pour condamner. Si l'une des irrégularités ou pathologies de l'affaire AZF était apparue dans l'affaire Goldman, la Cour de cassation n'aurait pas eu besoin d'aller inventer un moyen qui humiliait plusieurs générations de greffiers pour casser : elle aurait simplement dit que la procédure était entachée de nullité faute de procès équitable et aurait cassé. Dans l'affaire AZF, aucun mouvement ne la soutenant, elle n'y est point parvenue.

Une grande partie de la question est donc celle de l'opportunité, même devant la plus haute juridiction. L'appareil judiciaire en avait assez de cette affaire AZF qui durait depuis presque vingt ans. Sans être grand clerc, on peut imaginer que les magistrats parfaitement attentifs, estimables et distingués de la cour d'appel de Paris ont considéré que leur mission était de faire respecter l'ordre public et d'assurer la paix civile et qu'en conséquence la « culpabilité de Total », même après indemnisation de toutes les victimes, ne pouvait pas être contredite sans créer un désordre. Et sans doute la Cour de cassation s'est-elle dit qu'après avoir cassé pour défaut d'impartialité objective, elle avait déjà beaucoup fait et que « cela suffisait comme ça ». C'est une notion très à courte vue de l'ordre public et de la paix civile. Car si la justice n'est pas crédible le désordre infecte la société de façon plus pernicieuse et pour longtemps.

Il appartient aux avocats dont je fais partie d'assurer leur rôle de défenseurs de l'ordre public en critiquant des décisions qui sont certes prises dans un louable esprit de conciliation sociale mais qui, dans la réalité, affectent la crédibilité de la justice de manière durable. Les militants pour la décision de condamnation de Serge Biechlin et de Grande Paroisse sont peu nombreux et peu actifs. Il reste une ombre sur le fonctionnement de la justice. En l'espèce, c'est l'avocat qui défend l'ordre public en voulant imposer le respect du droit. À moins que le droit ne soit que la codification temporaire des rapports de force, ce qui est une vision très pessimiste, et à long terme toxique, mais qui semble pourtant avérée ici. Pour assurer l'autorité d'une décision discutable, la cour d'appel de Paris est allée jusqu'à obliger les prévenus à publier son arrêt afin de graver dans le marbre la version officielle et jusqu'à interdire d'en faire diffuser d'autres : « Au regard de la gravité de l'événement, de son retentissement dans l'opinion publique, de la divulgation d'hypothèses les plus variées quant à son origine, la cour ordonne à la charge des condamnés la peine complémentaire de diffusion du communiqué suivant dans le *Journal officiel de la République française* et dans les publications suivantes : *La Dépêche du Midi*, *Sud-Ouest*, *Le Monde*, *Le Figaro*, *Les Échos* [...] »

Cela consiste à crédibiliser une décision de justice par la sanction et non par l'affirmation des principes comme cela devrait être. Un procédé aux relents soviétiques qui permet d'ôter les images déplaisantes : déclarations par le procureur trois jours après le sinistre, expériences faussées, expertises erronées, ordres du premier président de s'asseoir sur les conflits d'intérêts des magistrats, incapacité des magistrats eux-mêmes à se déporter tout seuls et à s'abstraire de l'emprise de leur hiérarchie, étrange complaisance d'un avocat général qui reçoit et communique un rapport « maladroit » d'un expert avec un témoin principal de l'accusation, décisions apparemment dans l'opportunité de condamner : tout ceci passe à la trappe. Il ne reste que l'autorité de la décision et l'imperium du juge. Pas glorieux.

Comme l'a déclaré un jour Antoine Garapon, en France, la vérité est une question de souveraineté. C'est malheureusement le cas dans cette affaire AZF, pour le malheur des prévenus et pour le malheur futur de l'autorité judiciaire dans notre pays.

Qu'est-ce que la justice ? Selon l'avocat général auprès de la Cour de cassation avant son deuxième arrêt ? « À peine de déni de justice, les juges ne peuvent se borner à constater qu'il existerait plusieurs explications possibles à un événement sans les analyser. Partant, se forger leur conviction d'après les preuves qui leur sont soumises, afin d'établir la réalité des faits poursuivis. » Est-ce une critique à peine voilée du jugement de relaxe du tribunal ?

Autrement dit, les juges ne sont pas là pour dire la complexité et exprimer des doutes s'il n'existe pas de certitudes. Ils sont là pour frapper. Ce fut fait. Et les traces de cette façon de voir la justice s'inscrivent sur le grand livre des faillites de notre histoire judiciaire.

L'affaire AZF est un cas d'école. Son traitement judiciaire révèle tous les vices de notre procédure pénale, ses défauts, ceux de ses acteurs et de la faiblesse de la culture juridique et judiciaire en France. Puisse cette démonstration, à l'occasion du plus grand désastre industriel survenu en France depuis la guerre, faire avancer les pratiques et la théorie de la justice dans notre pays.

Annexes

Trois journalistes, parmi d'autres, ont remarquablement couvert cette affaire. Anne-Marie Casteret, pour *L'Express*, et Sylvie Coma, pour *Charlie-Hebdo*, dont j'ai choisi de reproduire ici les longs articles qu'elles y ont consacré, car il est difficile de les consulter aujourd'hui.

Et Marc Mennessier qui après avoir largement couvert l'affaire pour *Le Figaro* a écrit en 2008 un excellent livre, *AZF, un silence d'État* (Seuil, 2008) – dont le texte de quatrième de couverture est reproduit page 201.

Entre 2001 et 2003, la journaliste d'investigation Anne-Marie Casteret, aujourd'hui disparue, a enquêté sur la tragédie de Toulouse. Se basant sur les failles de l'enquête, elle penchait pour l'hypothèse terroriste, thèse aujourd'hui écartée par les experts judiciaires à l'issue de l'enquête officielle. Voici ce qu'elle écrivait en 2003. (disponible sur le site L'Express.fr)

AZF : Sept raisons de ne plus croire à un accident

L'Express, 16 janvier 2003
Anne-Marie Casteret

L'explosion a été revendiquée par plusieurs groupes ; le rapport des RG n'a pas été exploité ; deux expertises médicales ont disparu ; il y aurait eu deux cadavres de trop sur le cratère ; l'emploi du temps du manutentionnaire Hassan J. n'a pas été vérifié ; son ami Samir A. avait un curieux profil ; et, enfin, 21 kilos de chrome 6 s'étaient mystérieusement volatilisés. Ça fait beaucoup.

L'enquête sur l'explosion de l'usine AZF pourrait bien prendre un tournant décisif ces prochaines semaines. Et aborder enfin, seize mois après la catastrophe du 21 septembre 2001, la « piste interdite », celle de l'attentat. Écartée d'emblée par le procureur Michel Bréard avec sa formule désormais célèbre « C'est un accident probable à 99 % », disqualifiée systématiquement à la moindre évocation médiatique de cette hypothèse, elle avait disparu sous une rafale de postulats chimiques, aussi nombreux qu'éphémères, tentant fébrilement de démontrer la faute professionnelle. Mais aujourd'hui, plus d'un an après la terrible déflagration qui a tué 30 personnes, blessé des milliers de Toulousains et ravagé des quartiers entiers de la Ville rose, les enquêteurs se retrouvent dans l'impasse. L'accident industriel n'est toujours pas démontré.

La dernière hypothèse en date – les produits chlorés, confondus avec des ammonitrates et déversés par erreur dans le sas du hangar 221, provoquant une réaction en chaîne – a même subi un magistral revers lors de la reconstitution, en octobre 2002. L'institution judiciaire a pu à cette occasion vérifier in vivo ce que les deux ouvriers de l'usine mis en examen pour « homicide involontaire » ne cessaient de répéter : « Impossible de confondre les deux produits. Les ammonitrates ne sont pas toxiques et se ramassent sans précautions spéciales, tandis que le chlore est très agressif pour le nez, la peau et les yeux et ne peut être pelleté sans protection. » Une reconstitution très brève : quelques mouvements de pelle dans le tas de dérivés chlorés, et juge, experts et avocats, intoxiqués, pris à la gorge, ont précipitamment reculé pour laisser la place à des martiens portant masque, combinaison et gants spéciaux ? Selon des témoins, le nouveau juge d'instruction, chargé du dossier depuis l'été dernier, Thierry Perriquet, s'est alors montré plus que dubitatif devant ce cuisant échec. Depuis, il manifesterait la volonté de tout reprendre, méthodiquement, à zéro. Un espoir pour les employés de l'usine, ulcérés de se voir mis en cause et traînés dans la boue depuis plus d'un an pour une supposée « négligence », eux qui ne croient toujours pas à l'accident. Ils sont rejoints en cela par les Toulousains. Selon un sondage CSA-*Toulouse Mag,* 65 % d'entre eux pensaient en août 2002 qu'un attentat était la cause de la catastrophe. L'avenir pourrait bien confirmer cette intuition. Les avocats d'AZF mais aussi ceux des familles de victimes auront dû attendre de longs mois avant d'obtenir une copie du dossier d'instruction et de pouvoir enfin l'analyser. Aujourd'hui, ils dénoncent, en termes de moins en moins voilés, la « légèreté », les « graves lacunes » et les « incohérences » des investigations policières. Un dossier de plus de

10 000 pages aux effets paradoxaux. Se polarisant sur la négligence industrielle, il a tendance à convaincre du contraire, suscitant chez tous ceux qui l'ont examiné le doute sur l'accident et la conviction d'une enquête partiale, négligeant délibérément l'hypothèse criminelle ?

Selon notre enquête, voici, en sept points, pourquoi la piste de l'attentat est aujourd'hui la plus probable et devrait être explorée en priorité.

1. L'explosion a été revendiquée.

Contrairement à une rumeur persistante, plusieurs revendications ont été envoyées à la police, mais également aux organes de presse locaux.

Dès le lendemain de la catastrophe, un individu a téléphoné à la gendarmerie de Saint-Alban et s'est déclaré membre de Houarla, Houarla, Islami, responsable de l'attentat. Puis le groupe Alpha Bravo et le Jihad islamique ont à leur tour revendiqué l'acte terroriste.

L'un des fax envoyés par Alpha Bravo était émis d'un centre de pompiers dont l'appareil avait été piraté à partir de l'Angleterre. Aucune investigation n'a été décidée pour remonter à l'origine de cet appel, alors même que Londres constitue l'une des bases des islamistes les plus virulents.

Enfin, une lettre anonyme envoyée au SRPJ contenant un message bref – « Lui sait qui a fait boum » – accompagné de la photo d'un adolescent d'origine maghrébine ne suscitera pas de recherches pour retrouver ce possible témoin.

2. Le rapport des RG est resté inexploité.

Ce rapport dont nous avions longuement fait état dans *L'Express* du 20 décembre 2001 était articulé autour de la personnalité de Hassan J., un employé intérimaire qui chargeait des sacs d'ammonitrates dans des camions. Son lieu de travail, le bâtiment IO, était situé juste en face du hangar 221. Hassan J. sera tué par l'explosion. Retrouvé enseveli au bord du cratère, ce jeune Français d'origine tunisienne est transporté à la morgue de l'hôpital Purpan. Lors de l'examen du corps, première étape avant l'autopsie, la médecin légiste est surprise de la tenue très soignée du jeune homme et surtout du port de cinq sous-vêtements sous le pantalon de travail. Ces éléments lui font penser au rituel observé par les auteurs d'attentats suicides en Israël, qui protègent ainsi leur sexe des dégâts de l'explosion. Elle fait part de ses observations aux policiers. Le SRPJ demande alors aux RG d'enquêter. Ceux-ci vont recueillir un certain nombre d'éléments significatifs sur la personnalité et les fréquentations de Hassan J. Ancien délinquant, ce dernier serait tombé depuis plusieurs mois sous l'influence du groupe islamiste « tendance afghane » de Mohammed R. Or des membres de ce groupe, dont le propre fils de Mohammed R., ont été arrêtés, une heure après l'explosion, par la brigade autoroutière de Valence-d'Agen, à 100 kilomètres de Toulouse. La vitre arrière de l'un des véhicules est brisée. Les automobilistes expliquent qu'elle a été soufflée par l'explosion parce qu'ils se trouvaient à ce moment-là à proximité de l'usine. Qu'y faisaient-ils ? Pourquoi et comment ont-ils si précipitamment quitté les lieux alors que la panique régnait et que la rocade qui longe l'usine était impraticable ?

Les RG signalent aussi une altercation, la veille de l'explosion, entre Hassan J. et des chauffeurs venus chercher leur cargaison d'ammonitrates. Motif : l'un des chauffeurs, fan des États-Unis, avait mis dans sa cabine un drapeau américain en berne par solidarité avec les victimes des attentats d'outre-Atlantique. Hassan J. et deux de ses collègues se seraient fâchés, injuriant le chauffeur et collant des étiquettes « produits dangereux » sur la porte de sa cabine.

Tous ces éléments auraient dû inciter la police judiciaire à poursuivre les investigations. Mais le travail des RG sera balayé d'un revers de main. Ridiculisé, même, dans le rapport de synthèse rédigé par le SRPJ le 4 juin 2002 : « Toutes ces informations [celles des RG, NDLR] étaient vérifiées et infirmées, hormis les digressions géo-politico-religieuses, invérifiables. » Or rien n'a été vérifié. Ni la brigade autoroutière de Valence-d'Agen ni les membres du groupe de Mohammed R. n'ont été entendus par la police. L'appartenance islamiste de J. ? Le SRPJ se contente des dénégations de ses proches pour conclure à « une rumeur accréditée par une certaine presse ». Le port de plusieurs sous-vêtements ? Là encore, selon le SRPJ, la famille explique « à l'unisson » qu'il s'agissait d'une habitude « due à un complexe de maigreur ». Dans leur rapport, les policiers ne mentionnent même pas le fait que la compagne du manutentionnaire avait jeté à la poubelle, le lendemain de l'explosion, tous les effets personnels du jeune homme. Quant au « rituel kamikaze », les spécialistes entendus par la justice auraient « contesté cette interprétation ». L'ambassade d'Israël, consultée, « n'avait jamais constaté qu'un terroriste avait porté plusieurs sous-vêtements avant de se sacrifier ».

Un rapport qui prend d'étonnantes libertés avec la réalité. Les auditions contenues dans le dossier d'instruction révèlent le contraire. De fortes contradictions au sein de la famille de Hassan J. démontrent que le jeune homme ne s'était jamais habillé de cette façon auparavant. À commencer par les déclarations successives de sa compagne. Le 25 septembre 2001, elle s'étonnera de la question et répondra curieusement : « Je ne sais pas. Je ne vois aucune explication à vous donner, sinon que ce n'était pas un homme méchant. » Plus tard, après les révélations du *Figaro* sur le sujet, elle se ravisera : « Il avait coutume de porter plusieurs sous-vêtements, et cela tous les jours, parce qu'il se trouvait maigre. » Le reste est à l'avenant. La sœur confirmant la coutume familiale, le père tombant des nues et démentant les propos de sa fille, les amis se montrant évasifs... On est donc loin de l'« unisson » décrété par le SRPJ. De même, les quatre spécialistes auditionnés s'étonnent de la célérité avec laquelle la compagne de Hassan J.

s'est débarrassée des affaires de son concubin. Deux d'entre eux déclarent avoir entendu parler du rituel kamikaze et conseillent de s'adresser à l'ambassade d'Israël. Et celle-ci signale qu'elle a déjà retrouvé un terroriste habillé de cette façon *(voir document).*

En réalité, selon notre enquête, ce rituel est un secret de Polichinelle, bien connu des spécialistes du terrorisme islamique, révélé par les journaux avant même l'attentat de New York. Un rituel recommandé par Al-Qaeda dans la lettre intitulée « Le dernier jour », retrouvée dans les bagages des terroristes du World Trade Center : « Lave-toi, parfume-toi... Couvre parfaitement tes parties intimes... N'oublie pas que des houris t'attendent au Ciel et te disent : "Viens, ami de Dieu..." »

Si donc Hassan J. s'est habillé le 21 septembre 2001 d'une manière inhabituelle et hautement symbolique, pourquoi ?

3. Deux expertises médicales ont disparu du dossier d'instruction.

Ces deux expertises sont pourtant essentielles. Il s'agit des « examens de corps » de Hassan J. et d'un autre manutentionnaire de son équipe,

Abder T., tué lui aussi par l'explosion. Plusieurs avocats se sont étonnés de ne pas les trouver dans les copies du dossier qui leur avaient été remises. Me Christian Etelin, défenseur d'un des ouvriers blessés sur le site, a voulu les consulter au tribunal. Après une fébrile recherche, seule une photocopie du premier document a pu lui être confiée, l'original restant introuvable. Quant à l'« examen de corps » d'Abder T., il semble s'être volatilisé. Fâcheuse coïncidence : au début de l'instruction, les enquêteurs demandent à Mme T., comme à la compagne de Hassan J., si son mari portait habituellement plusieurs sous-vêtements. Elle répond par la négative, très surprise de la question. Mais pourquoi la lui pose-t-on ? Y avait-il deux employés d'origine maghrébine habillés de la même étrange façon le 21 septembre 2001 sur le site toulousain d'AZF ?

Encore plus stupéfiant, la succession d'irrégularités lors de l'examen du corps de Hassan J. à la morgue de Purpan, le 22 au matin. Seules quelques photos prises lors de l'examen figurent au dossier. Aucune ne semble avoir été prise du singulier harnachement du manutentionnaire (un pantalon, un short, un slip, deux caleçons, un slip), ce qui constitue déjà une faute. Mais les autres clichés suscitent bien des interrogations. Pourquoi Hassan J., un homme de 35 ans de corpulence normale, arrive-t-il si « propre » à la morgue, alors qu'il était censé travailler depuis 4 heures du matin, le 21 septembre, et qu'il a été retrouvé « enterré » près du cratère ? Pourquoi est-il à peine poussiéreux, quand ses collègues les plus proches sont recouverts de boue et de gravats ? Extrêmement soigné dans sa mise, il frappe le personnel de la morgue par ses vêtements, quasi neufs – un bleu de travail impeccable – et par la rigoureuse toilette de son corps, poncé, épilé. La rumeur fait le tour de l'hôpital : « A la morgue, il y a un kamikaze, un homme qui s'était préparé à mourir ! » Pourquoi tous ces détails ne sont-ils pas notés dans la fameuse photocopie de l'« examen de corps » annexée au dossier ? Pourquoi ne sont pas non plus décrites les brûlures étendues que constateront les autres légistes, le lendemain, lors de l'autopsie à Rangueil ? Pourquoi les yeux sont-ils notés « noirs », eux qui apparaissent d'un bleu éclatant sur les photos ? Enfin, dernière absurdité : les remarques de la médecin légiste auraient dû inciter les enquêteurs à la rigueur ; or Hassan J. a subi une « préparation thanatologique » le 22 dans l'après-midi, avant l'autopsie qui sera effectuée le lendemain. En clair, le corps a été toiletté et préparé en vue d'une présentation à la famille et à l'imam devant accomplir le rituel religieux. Une erreur de procédure qui pouvait effacer d'éventuels indices…

4. Deux cadavres « en trop » sur le cratère ?

L'urgence des soins, la gravité de la catastrophe, la difficulté à se repérer dans une usine détruite expliquent en partie le cafouillage qui a présidé au recensement des blessés et des morts sur le site. Au fur et à mesure qu'ils étaient découverts, les cadavres étaient acheminés vers trois dépôts mortuaires situés à proximité du cratère. Cependant, pompiers et policiers devaient noter l'emplacement exact de chaque corps. Un premier bilan fait état de 23 morts à AZF. Un second de 21. Mais les témoignages de pompiers recueillis par le SRPJ soulèvent plus de questions qu'ils ne donnent de réponses. Si l'on compare le plan établi par le comité d'hygiène et de sécurité de l'usine à celui qui a été dressé par le SRPJ, certaines contradictions intriguent *(voir ci-dessus)*. Le cadavre de Hassan J. est relevé soit au bord du cratère, soit dans le bâtiment IO. Celui d'Abder T., soit au IO, soit près de la sortie A. Un autre manutentionnaire, Bernard L., censé se trouver près de ses collègues, aurait été retrouvé dans le IO, ou alors dans un tout autre bâtiment...

Autre énigme : dans la nuit du 21 au 22, deux cadavres sont retrouvés à proximité du cratère par une équipe de pompiers qui s'apprêtent à quitter le site. Ils signalent qu'il s'agit d'un chauffeur de camion et d'un conducteur d'engin dont ils ignorent l'identité. Si l'on consulte la liste officielle des morts publiée quelques jours plus tard, deux chauffeurs et deux conducteurs d'engin y sont recensés. Or ces quatre hommes avaient déjà été retrouvés lorsque les pompiers signalent les deux nouveaux cadavres. Qui sont donc ces deux hommes ? Impossible, aujourd'hui, de le déterminer avec précision.

5. Aucune enquête n'a été menée pour vérifier l'emploi du temps de Hassan J.

Ancien délinquant condamné pour proxénétisme, vol et viol, soupçonné d'avoir participé à un trafic de voitures avec l'Allemagne, signalé par les RG comme proche de la mouvance islamiste, il aurait dû faire l'objet d'une enquête pointilleuse… qui reste à mener. D'après plusieurs témoignages que nous avons recueillis, Hassan J., embauché par une société de sous-traitance travaillant régulièrement pour AZF, manifeste un changement d'attitude quelques jours avant l'explosion. Il « traîne dans son travail et se balade un peu partout sur le site ». Il entre plusieurs fois dans l'usine avec, dans sa voiture, un passager inconnu, ce qui est rigoureusement interdit et lui vaudra des remontrances du service de sécurité. Il fait embaucher un ami le lundi 17 au matin. Guère motivé, Djilali E. ne travaille pas, participe au différend avec les camionneurs la veille de l'explosion et ne vient pas travailler le jour même, « parce qu'[il ne s'était] pas réveillé ». Toujours la veille de l'explosion, Hassan J. cherche à faire embaucher une autre relation, Smaïn B. Il le fait inscrire sous un faux nom, qu'il épelle « T.r.u.c.k », et se montre très énervé quand le service de sécurité refuse de laisser entrer ce nouveau venu. Le 21 septembre, il arrive à l'usine à 4 heures du matin, comme d'habitude, mais ne commence à travailler qu'à 5 h 30. Comme la veille, lui et deux autres intérimaires traînent. Les camionneurs s'énervent. Le ton monte. « Il nous a dit qu'il était un combattant turc, qu'il faisait la guerre », raconteront les deux hommes. Et puis cette phrase du manutentionnaire : « Tu vas voir, ça va être une bonne journée ! Tu t'en souviendras... »

Tous les chauffeurs impliqués dans ces altercations ont reconnu Hassan J. sur les photos d'identification. Ils reconnaissent aussi Abder T., mais signalent un troisième homme qu'ils ne retrouvent pas sur le catalogue de photos de la police. L'un des chauffeurs se souvient même de s'être colleté avec ce dernier à la sortie de l'usine, un peu avant 10 heures, le matin du 21 septembre 2001.

6. Le curieux profil de Samir A.

Ce troisième homme, est-ce Samir A. ? Le SRPJ était resté plus que discret sur ce troisième intérimaire. Originaire de Borj Menaïel, en Algérie, il obtient sa carte de résident en France à la fin de 1999. Il se fait embaucher à AZF le 19 septembre pour laver les carreaux. Le vendredi 21, deux jours plus tard, il quitte l'usine à 9 h 50. Soit une demi-heure avant l'explosion. Version officielle : il avait une gastro-entérite. C'est bien possible, mais, là encore, la police se contentera des déclarations de Samir A., affirmant ensuite : « Tous ses dires étaient vérifiés et s'avéraient exacts. » Or rien n'a été vérifié.

Pourtant, les explications de Samir A. vont à l'encontre d'autres témoignages et du simple bon sens. Quelquefois, même, il ne dit pas la vérité. Ainsi, quand il quitte AZF le matin du 21 pour rentrer chez lui parce qu'il se sent trop mal, il précise : « Je ne tenais plus sur mes jambes », alors qu'un employé le voit sortir « à pas pressés ». Puis, au lieu d'attendre le bus 52 devant l'usine, il s'en va à pied « chercher un autre bus » et ne prend pas la direction d'Empalot, où il dit habiter.

Une demi-heure plus tard, il arrive à la station de métro Fontaine-Lestang, à 3 kilomètres de l'usine, quand le hangar 221 explose. Or, contrairement à ce qu'il explique aux policiers, aucun bus ne peut le déposer à cet endroit, à cette heure, ce matin-là. C'est donc bien à pied que cet homme « qui ne tenait plus sur ses jambes » parcourt 3 kilomètres en une demi-heure dans une direction opposée à celle de l'usine… et à celle de son domicile.

En perquisitionnant chez lui, au début de l'enquête, la police découvre un devis de 120 000 francs pour l'achat de livres techniques sur la chimie et le génie industriel. Il explique l'avoir fait établir pour un ami. De même, on retrouve sur son compte un virement récent de 7000 francs provenant d'une banque new-yorkaise. Il parle d'un cousin, mais l'origine et la destination exactes de cet argent ne seront pas vérifiées.

Autre question : pourquoi cet étudiant qui possède des diplômes universitaires choisit-il un travail de nettoyage à AZF ? Il avait déjà accepté un poste d'homme de ménage dans les labos de l'usine à la fin de juillet et au début d'août avant d'aller passer ses vacances à Borj Menaïel… qu'il dit pourtant avoir fui pour « échapper à l'intégrisme ».

7. La mystérieuse disparition de 21 kilos de chrome 6.

Début août : c'est à cette même époque qu'un colis contenant 21 kg de chrome 6, un produit hautement dangereux, disparaît entre le magasin d'achats, où il a été réceptionné, et le laboratoire qui l'avait commandé. Ce puissant oxydant, utilisé pour des tests de routine, est incompatible avec les ammonitrates : il peut alors provoquer une puissante explosion à la moindre mise à feu. L'enquête interne de l'usine, au début de septembre 2001, ne permet pas de retrouver la trace de ces flacons. Après l'explosion, averti par le responsable du service Achats, le SRPJ se contentera de quelques investigations sommaires... Pourtant, à moins d'imaginer un scénario rocambolesque où les flacons de chrome auraient été pris par erreur dans le magasin d'achats de l'usine et déversés négligemment dans le hangar 221, c'est bien l'éventualité d'un acte criminel, volontaire, qui se trouve alors envisagée... A-t-on recherché des traces de chrome dans les nombreux prélèvements effectués autour du cratère ? A-t-on tenté expérimentalement de reproduire une explosion avec ce produit introduit dans un tas d'ammonitrates ?

« Ce dossier est déconcertant, résume Me Collard, défenseur des familles de victimes. On a sélectionné des indices, ébauché des scenarii improbables et imposé la version de l'accident avant même tout procès. La situation devient irréelle. » Me Etelin, avec son inimitable accent de faux naïf, s'étonne : « Comment peut-on qualifier d'"expertises" de telles fantaisies pseudo-scientifiques ? Et là-dessus on bâtirait une thèse qui prend les allures d'une procédure réquisitoire ! C'est inimaginable... » Me Soulez Larivière, défenseur d'AZF, vient de dresser une longue liste d'investigations complémentaires qu'il demande d'effectuer.

Alors que ses prédécesseurs avaient laissé l'enquête entre les mains du SRPJ, ne procédant à aucune audition en un an, le juge Perriquet a commencé les siennes. Selon les avocats, il manifesterait une impartialité totale et serait prêt à explorer toutes les pistes. Encore faudrait-il que sa saisine le lui permette. Pour le moment, elle est toujours limitée à « homicides involontaires par violation délibérée d'une obligation particulière de sécurité ou de prudence ».

Tout a explosé, sauf la vérité

Charlie Hebdo, 20 septembre 2006
Sylvie Coma

L'enquête scientifique : du chlore dans les yeux

Théoriquement, une enquête scientifique se mène selon la méthode suivante : on a des indices et on essaie d'en déduire un enchaînement des faits pour en tirer des conclusions. Dans l'affaire AZF, les experts ont adopté la méthode inverse : ils sont partis des conclusions – conclusions établies par la justice deux heures seulement après l'explosion – et se sont efforcés de faire en sorte que les indices collent au résultat désiré

Les certitudes du procureur Bréard

Quand, dix jours après le 11 septembre 2001, Toulouse est secouée par une explosion en provenance du pôle chimique de la ville, chacun pense immédiatement à un attentat. Aussitôt, l'État s'empresse de démentir les rumeurs. À 12 h 25 (soit deux heures après l'événement), alors que le nuage de poussière est encore en suspens, la police informe l'AFP que l'explosion est probablement d'origine « accidentelle ». Dans l'après-midi, un expert judiciaire accorde une interview à *La Dépêche du Midi* : la catastrophe est due à une « auto-inflammation » des stocks d'ammonitrate dans les hangars de l'usine AZF. Dès le 24 septembre, le procureur de la République, Michel Bréard, clôt la « piste terroriste » : « L'attentat, certainement pas, je suis formel. » Et il avance un chiffre, désormais historique : « Il y a 99 % de chances pour que ce soit un accident. » Cette certitude, il l'assènera tout au long de l'instruction. Pour l'heure, Michel Bréard a une théorie : « Le stock de nitrate aurait été le siège d'un processus physique engagé depuis quatre-vingts ans, un processus long, complexe, qui a dû s'accélérer dans les jours qui ont précédé l'explosion. » Du « jamais vu » dans l'histoire des accidents répertoriés au cours des cent dernières années et un scoop scientifique qui laisse les spécialistes en ammonitrate passablement pantois : ils ignoraient, jusqu'à ce que la justice française les en informe, que des sacs d'engrais agricole pouvaient exploser spontanément. Chacun attend donc avec beaucoup d'intérêt les preuves scientifiques de cette grande première : l'auto-allumage de 300 tonnes de nitrates, à température ambiante… Le scénario « poubelle » Au cœur de l'énigme AZF : le hangar 221, épicentre de l'explosion. Le 25 septembre, *La Dépêche du Midi* apporte une première réponse technique à l'accident industriel, avec un titre en manchette qui a le mérite d'être clair : « C'était bien une poubelle. » Le scénario de la « soupe chimique » (autrement répertorié sous l'appellation « effet macération » ou « effet compost ») commence… Et s'emballe un peu. Le stock d'ammonitrate serait devenu explosif après avoir été « fortuitement contaminé » par du fioul, de l'huile, des matières plastique, des morceaux de bois, des poussières, de la rouille, des végétaux, de la terre, des remontées de la nappe phréatique… Des mélanges qui se révéleront, effectivement, hautement détonants dans la mesure où ils feront péter les cerveaux de certains : des « sources policières » iront jusqu'à envisager que les 300 tonnes d'engrais agricole aient pu exploser à cause du méthane produit par… le cadavre d'un rat. Les fermiers seront effondrés par la nouvelle. Et les spécialistes du nitrate, sous le choc. Surtout quand ils apprendront que la capacité de feu d'un rat mort est bien supérieure à celle d'un terroriste. En effet, le 28 septembre, dans une note de douze pages, les experts judiciaires évacueront la piste de l'attentat avec cette foudroyante analyse : trop compliqué à réaliser. « Le tas n'aurait pu exploser que s'il avait été amorcé très correctement en plusieurs endroits, et à cœur, avec un procédé de mise à feu visant à générer l'explosion immédiatement. » Bref, si l'on suit ce raisonnement, les attentats au nitrate du World Trade Center (1993) et d'Oklahoma City (1995) n'ont pas pu avoir lieu…

La théorie du chlore

Brusquement, le 24 octobre 2001, l'affaire AZF prend un tour nouveau. Le procureur Bréard annonce la présentation imminente « d'une explication scientifique incontestable ». La communauté des chimistes retient son souffle, et, quelques jours avant la Saint-Sylvestre, « la soupe chimique » se corse d'un ingrédient nouveau : des dérivés chlorés pour piscine. Un sac de 500 kg de dichloroisocyanurate de sodium (DCCNa) aurait été déversé par erreur dans le sas du hangar 221…

Aux experts, désormais, de patauger dans le détail et d'expliquer selon quelle « mécanique des causes », pour reprendre une formule du procureur Bréard, 500 kg de dérivés chlorés ont pu croiser 300 tonnes de nitrate d'ammonium dans un hangar où, jamais, ils n'étaient censés se rencontrer. Et, surtout, quelles ont été les conditions exceptionnelles qui ont fait détoner le tout. Car, pour qu'un dérivé chloré pour piscine fasse exploser des engrais agricoles, il faut encore y ajouter une bonne dose d'hydrocarbures, intimement mélanger et humidifier la mixture (10 à 20 % d'eau) et faire mariner le tout dans un endroit hautement confiné. Un détail pour les experts judiciaires, qui nous expliquent dans un même document (note du 28 septembre 2001) que le hangar 221 était à la fois un bâtiment « ouvert » au vent d'Autan (voilà une partie de la question de l'humidité réglée) et... « confiné ». Reste maintenant à trouver le maladroit qui a déversé le chlore dans le nitrate... Fauré, le coupable idéal. Très rapidement, les différents enquêteurs s'intéressent au dernier manutentionnaire à avoir transvasé une benne dans le sas du hangar 221. Le cauchemar de Gilles Fauré commence. Cet ouvrier travaille depuis huit ans sur le site AZF et connaît parfaitement les produits qu'il manipule. Mais, détail qui a son importance, il appartient à une société de sous-traitance. Pour Total, ça tombe plutôt bien. Le responsable ne fait pas partie de la maison. Deux jours après l'explosion, Fauré est interrogé par la commission d'enquête interne de l'usine. Il sort de la réunion en larmes : il vient de comprendre qu'on est en train de lui mettre l'affaire du chlore sur le dos… Le 27 novembre 2001, les enquêteurs du SRPJ l'amènent dans le bâtiment d'où serait partie la dernière benne suspecte, le hangar « DemiGrand ». Surprise : les policiers découvrent, posé bien en évidence sur le dessus d'un tas de sacs de nitrates, un emballage qui n'a rien à faire là et que Fauré voit lui-même pour la première fois : un sac de 500 kg de DCCNa, vide. (Voir encadré « Sac caché ».) La reconstitution est vite faite : Fauré aurait déversé le contenu de ce sac dans le sas du 221, un quart d'heure avant l'explosion. Tout roule, sauf qu'un imprévu vient tout compliquer… En avril 2002, l'affaire du sac de DCCNa s'effondre : son itinéraire a été reconstitué par *Le Figaro*. Le sac ayant été perforé lors d'une opération de chargement, son contenu a été transvasé et expédié à son destinataire en juillet 2001. Ce sac n'était donc plus qu'une enveloppe vide depuis au moins deux mois quand il a été découvert par le SRPJ… Qu'à cela ne tienne, la piste du chlore suit son cours, et, le 5 juin 2002, les experts judiciaires (avec un enthousiasme que l'on pourra juger ultérieurement quelque peu excessif) rendent leur premier rapport d'étape… aux fantaisies ravageuses.

Le rapport d'étape des experts

L'opération de communication qui précède la sortie du document est soignée. Dès le mois de mai 2002, les experts allèchent leur public en promettant des expériences « spectaculaires » et en insistant particulièrement sur l'une d'entre elles, ayant conduit à une explosion au bout de 26 secondes. L'exploit a été réalisé par l'un des chimistes du collège judiciaire, le scientifique François Barat, directeur du laboratoire de chimie-prévention des risques, à la Caisse régionale d'assurance maladie. Notre expert de Miami à nous, en quelque sorte. Et le maître incontesté de la théorie de l'explosion chlorée. Selon ses expériences, il suffit de déposer 500 kg de chlore sur un tas de 300 tonnes de nitrates pour faire péter le tout. Le mécanisme de l'explosion, reconstitué dans un tube à essais hermétiquement fermé, est présenté aux parties civiles dans une vidéo « sidérante », selon le porte-parole d'une des associations de victimes. (Voir encadré « Vidéo-gag ».) Fauré n'a donc qu'à bien se tenir, les résultats de ce rapport risquent d'être foudroyants… Effectivement, entre le 11 et le 14 juin 2002, dix-neuf salariés et sous-traitants d'AZF sont placés en garde à vue, puis treize d'entre eux sont mis en examen. Parmi eux, Fauré, bien sûr, et Georges Paillas, chef d'atelier au service « Expéditions » et responsable du hangar 221. Paillas (trente-huit ans d'ancienneté, un franc-parler et des convictions) a toujours défendu, contre vents et marées, la compétence et le sérieux de Fauré. Il sera emporté dans la tourmente. « Une première vague », assure le procureur sur les plateaux télé.

Les reconstitutions d'octobre

Sauf que… Ces retentissantes expériences n'expliquant toujours pas comment un sac de DCCNa (dont on a prouvé, en outre, qu'il était vide) a bien pu se retrouver sur la trajectoire d'un tas de nitrates, les avocats de Total demandent que l'itinéraire du sac baladeur soit reconstitué sur le site AZF. Le 9 octobre 2002, en présence des experts, de la police et des avocats, Gilles Fauré est prié de transvaser 500 kg de DCCNa dans une benne. Dès les deux premières pelletées, les observateurs reculent de plusieurs mètres. Crachats, larmes, toux… La reconstitution s'avère impossible. Fauré répète ce que lui-même et Paillas ont toujours dit : pour manipuler du DCCNa, il faut un masque avec cartouches ventilées, des gants, une combinaison et un aspirateur à sac… Mais les experts tiennent bon : le DCCNa qui a provoqué l'explosion devait être éventé. Une seconde reconstitution est donc programmée pour le surlendemain… qui débouche sur un résultat identique. En fin de séance (sérieusement écourtée), les fonctionnaires de police refuseront catégoriquement de manipuler le sac sans protection… Pour autant, sans l'ombre d'un problème, l'hypothèse des 500 kg de DCCNa est maintenue par les experts judiciaires. Ils sont sûrs d'eux : le chimiste Barat détient les preuves formelles que le mélange a détoné. La vidéo présentée aux parties civiles, malgré ses incohérences, est là pour en témoigner.

Mai 2006 : le rapport final des experts

En mai 2006, les experts remettent enfin leur rapport final. L'accident chimique est, selon eux, définitivement confirmé. L'argumentaire scientifique reprend la plupart des théories avancées depuis le début de l'enquête. À un détail près : le sac de 500 kg de DCCNa s'est subitement dégonflé. Gilles Fauré n'aurait pas pelleté, par inadvertance, une demie-tonne de produits chlorés, mais seulement... quelques balayures. Plus de quatre ans de communication acharnée autour d'un sac de 500 kg pour en arriver là... Pour le reste, rien ne change. Le style général du rapport scientifique est empreint d'un impressionnisme littéraire des plus remarquables, qui oscille du conditionnel à l'indicatif, avec des audaces lexicales inventives... Comme il est difficile de parler de « confinement » dans un lieu ouvert à tous vents, on avance le terme de « semi-confinement ». Les « balayures » de chlore ont été prises en « sandwich » entre deux couches de nitrate d'ammonium, la première, déposée à 8 heures du matin, et la seconde à 10 heures. Entre-temps, la couche du dessous a eu le temps de s'humidifier (10 à 20 % d'eau). On peut donc en déduire qu'elle a pompé 1 000 litres en un peu plus de deux heures. Ce qui est rigoureusement impossible. Enfin, comme au tout début de l'enquête, les experts ont formellement certifié que ce qui a explosé en premier, ce n'est pas le petit tas du sas, mais le gros tas du hangar (« au cœur et au ras du sol »), une nouvelle question se pose : le sas et le hangar étant séparés par un muret de 1,50 mètre, si le petit tas du sas n'a fait qu'initier l'explosion du gros tas – en clair, a servi simplement d'« allumette chimique » –, comment la propagation de la réaction chimique s'est-elle produite ? Réponse : par « sympathie ». Du coup, sur les nouveaux schémas des experts, le stock de plusieurs centaines de tonnes de nitrates se retrouve collé au muret du sas, allant jusqu'à déborder par l'ouverture de la porte. Contredisant ainsi les témoignages et surtout les premiers plans fournis juste après l'explosion (voir documents).

L'expertise de dernière heure

Le 13 juillet 2006, une expertise chimique de dernière heure, ordonnée par le juge d'instruction en décembre 2005, fait son apparition. Elle remet en cause le scénario des experts judiciaires en concluant à l'absence de trace de DCCNa sur le sol du hangar « Demi-Grand ». Le tribunal de Toulouse rejettera les demandes de non-lieu, au prétexte que les échantillons prélevés pour l'analyse chimique l'ont été « deux mois après l'explosion, ce qui en réduit la portée ». On suppose donc que le hangar, placé sous scellés, aurait tout de même pu être nettoyé. Avec, qui plus est, un balai trieur, capable de dissocier les particules de DCCNa des poussières auxquelles elles étaient mêlées… Le même jour, Gilles Fauré, qui, pendant près de cinq ans, aura porté trente morts, cinq mille blessés et la destruction du quart de la ville de Toulouse, bénéficiera finalement d'un non-lieu. Le voilà donc aujourd'hui « responsable mais pas coupable ». Ce qui ne le satisfait toujours pas. Pour lui, il n'y a jamais eu de chlore dans le hangar 221.

Le syndrome du Pr Pellerin

Le terrorisme contournera les barrières d'AZF, comme le nuage de Tchernobyl s'est arrêté aux frontières de la France. Telle semble avoir été la devise des autorités locales, avant l'explosion… Fin août 2001, les autorités toulousaines sont informées par le FBI d'un risque d'attentat.

Dès le 1er septembre, la gendarmerie nationale avertit la SNPE (Société nationale des poudres et explosifs), qui met en action un plan de sécurité interne. Le site est hautement détonant, puisqu'on y fabrique du phosgène (gaz de combat utilisé pendant la Seconde Guerre mondiale) et les carburants pour la fusée Ariane. Juste en face, sur l'autre rive d'un bras de la Garonne, AZF, pourtant classée « risque Seveso 2 », ne bouge pas…

Le 12 septembre, les choses s'accélèrent. Les entreprises sensibles de la région sont placées sous protection. Sauf AZF.

Le 17 septembre, même topo : une réunion sécurité est organisée à la préfecture de Toulouse… Y participent la Direction générale de l'industrie, de la recherche et de l'environnement (DRIRE) et les dirigeants de Motorola, d'Airbus et de la SNPE. AZF n'est pas invitée…

C'est seulement le 18 septembre (soit sept jours après l'attentat de New York) que le directeur d'AZF découvrira, par hasard, lors d'une réunion à Auch, que la SNPE est sous plan Vigipirate renforcé.

Le 19 septembre, l'aiguillage d'une voie ferrée qui dessert l'usine AZF de Mazingarbe (dans le Pas-de-Calais) est saboté juste avant le passage d'un train chargé d'ammoniaque. L'accident est évité in extremis.

Le 20 septembre, le directeur d'AZF convoque quatre-vingts employés du personnel d'encadrement et fait afficher une note avec les consignes de la DRIRE. **Le 21 septembre**, l'usine explose.
Question : ni le plan Vigipirate simple, de la compétence de Total, ni le plan Vigipirate renforcé, de la compétence de l'État, n'a été appliqué. En cas d'attentat, qui aurait payé ?

La théorie de l'arc électrique

Parmi toutes les hypothèses que Total a échafaudées pour « externaliser » les origines de l'explosion, la plus poétique est celle de « l'arc électrique ». D'études sismiques en mesures magnétométriques, Total envisage qu'un arc électrique serait parti d'un transformateur de la Société nationale des poudres et explosifs (SNPE), située en face d'AZF, de l'autre côté de la Garonne. Étant donné la disposition des lieux, il est tout de suite apparu assez fantaisiste d'envisager que ce courant électrique ait pu atteindre le hangar d'AZF par les airs : l'arc aurait été obligé de sauter par-dessus le bras de la Garonne (sans y plonger, comme tout arc électrique normalement constitué), rebondir sur un pylône, repartir sur un toit et faire un angle à 45° pour fondre sur le hangar 221... Total, soutenu par le journal *Valeurs actuelles,* privilégiera donc la version de l'arc électrique souterrain, joliment baptisé « courant vagabond ». Une hypothèse qui n'est pas vraiment plus crédible, mais qui sera soutenue pendant deux ans, avant d'être finalement abandonnée par la défense en octobre 2003. Après de multiples essais et mesures, l'avocat d'AZF, Me Soulez Larivière, admettra dans un communiqué : « Les résultats obtenus semblent indiquer que cette hypothèse de propagation envisagée est peu probable. »

Sur la piste du sac caché

Dans toute cette affaire entachée de zones d'ombre, une première énigme reste entière : comment un sac de DCCNa (l'allumette chimique de l'explosion) s'est-il retrouvé dans le hangar « DemiGrand », un endroit strictement interdit à ce genre de produits ?... Retour sur l'apparition du sac « caché »... Le 27 novembre 2001, les policiers découvrent le sac de produits chlorés dans le hangar « Demi-Grand ». Ils reprochent aux enquêteurs de l'usine de leur avoir dissimulé son existence pendant près de deux mois. C'est effectivement le 3 octobre que deux membres de la commission d'enquête interne d'AZF ont découvert par hasard, posé bien en évidence, un sac de DCCNa qu'ils n'avaient jamais vu au cours de leurs deux précédentes visites (dont une, effectuée en présence des observateurs extérieurs de l'Inspection du travail). S'ils avaient voulu faire disparaître le sac, l'affaire du chlore se serait arrêtée là. Mais ils ne touchent à rien et ils sortent. Le 4 octobre, le chimiste François Barat (qui n'est encore mandaté par personne puisqu'il n'a pas encore été nommé expert) débarque sur le site, fonce directement sur le sac de chlore et effectue des prélèvements. Le scientifique agit en dehors de toute enquête pénale, il n'a donc aucune raison de le faire. Qui l'a envoyé ? Le 12 octobre, Barat est nommé expert adjoint, puis, le 9 novembre, expert unique chargé d'analyser les scellés et les prélèvements. Pourquoi, dès sa nomination, Barat n'a-t-il pas prévenu la justice de sa découverte ? Et comment se fait-il que la police n'ait découvert le sac caché que le 27 novembre ?

Vidéo-gag

Pour accréditer la thèse de l'explosion provoquée par un mélange de chlore et de nitrate, François Barat, expert judiciaire, a réalisé une reconstitution en laboratoire qui a donné lieu à un enregistrement vidéo. Ce film, qualifié de « spectaculaire » par son auteur lui-même, présente, effectivement, des éléments « sidérants » que les conseillers scientifiques du groupe Total ne mettent pas longtemps à repérer. L'expérience filmée montre l'explosion en 26 secondes d'un mélange composé de nitrate d'ammonium, censé avoir été prélevé sur le sol du hangar « Demi-Grand », et de produits chlorés. En étudiant le rapport technique qui accompagne la vidéo, le chimiste chargé de la contre-expertise pour le compte d'AZF, Gérard Hecquet, comprend tout de suite que quelque chose ne colle pas. En confrontant les données et les résultats du document écrit, Gérard Hecquet se livre à ses propres calculs, essaie de reconstituer le contenu de l'éprouvette et en déduit que le mélange qui a servi à générer l'explosion en laboratoire ne devait pas contenir plus de... 0,74 % de nitrate d'ammonium. Ce qui est embêtant. On n'est déjà pas sûr d'avoir du DCCNa, si en plus on n'a plus de nitrates... Le chimiste de Total demande donc une confrontation avec l'expert Barat. La rencontre est surréaliste. L'expert Barat, ne comprenant pas que le chiffre problématique (0,74 %) avancé par son contradicteur n'apparaît nulle part dans ses propres écrits (puisqu'il résulte uniquement des calculs et des hypothèses de la contre-expertise), fait promptement amende honorable en prétextant une « erreur de transcription » : il ne fallait pas lire « 0,74 % » de nitrates d'ammonium, mais « 74 % » L'ennui, c'est que, pour lire quelque chose, encore faut-il que ce soit écrit. Or, encore une fois, aucun chiffre, avec ou sans virgule, n'apparaît dans le compte rendu écrit de Barat. Pourtant, le 28 janvier 2003, l'expert judiciaire Van Schendel viendra au secours de son coéquipier en certifiant par écrit que la mention fantôme de 0,74 % est bien une faute de frappe. Quant à la nature réelle de l'échantillon, Le *Figaro* révélera, en février 2004, que les calculs de la contre-expertise étaient encore au-dessous de la réalité : dans le tube à essais, il n'y avait pas 0,74 % de nitrate d'ammonium, mais 100 % d'urée. Malgré les multiples demandes des avocats de Total, le film problématique ne sera versé au dossier d'instruction qu'en février 2006, soit près de quatre ans après sa présentation aux parties civiles. Et peu de temps avant la conclusion de l'affaire AZF.

L'enquête policière : service minimum

Si, du côté des experts scientifiques, on fait preuve d'une frénésie investigatrice, du côté des policiers du SRPJ de Toulouse, en revanche, c'est le calme plat.

Les RG au placard

Dès le 21 septembre, les RG (que la théorie de l'explosion spontanée ne convainc pas outre mesure) se lancent sur la piste terroriste. Dans le viseur : certains milieux fondamentalistes de la région, en lien avec des ouvriers intérimaires comptant parmi les victimes. Le 3 octobre, les RG émettent l'hypothèse d'un « attentat » dans une première note blanche détaillée (voir document) Le rapport sera aussitôt mis de côté. Très à côté : à la mi-octobre, l'enquête des RG est arrêtée net. Et oubliée… Le document ne sera versé au dossier d'instruction qu'en juin 2002, quand *L'Express* et *Le Figaro* en auront largement signalé l'existence.

L'homme aux quatre sous-vêtements

Cette enquête des RG, mise au rebut, amorce pourtant des pistes qui ne semblent pas forcément plus délirantes que celles qui sont proposées par les experts scientifiques (qui en sont à la théorie de la « soupe chimique » et du rat explosif). Le rapport des RG revient, notamment, sur un premier fait troublant, découvert par le médecin légiste de l'hôpital Purpan, lors de l'examen de corps d'un ouvrier intérimaire de l'usine. L'homme (médiatisé par la suite sous le nom de Hassan J.) porte quatre épaisseurs de sous-vêtements sous son bleu de travail : un short, deux caleçons et un slip. Aussitôt, la rumeur fuse dans les couloirs de l'hôpital : c'est la tenue que revêtent les kamikazes pour leur passage dans l'au-delà. Une hypothèse que semble accréditer, le 2 octobre suivant, la publication, dans Le Monde, d'une sorte de petit « manuel du kamikaze islamiste » retrouvé par le FBI dans les affaires de trois des terroristes du

11 septembre : « Ajuste tes vêtements (on s'assure que les vêtements couvrent à tout moment les parties intimes du corps). [...] Sache que les jardins du paradis t'attendent dans toute leur beauté, et que les femmes du paradis t'attendent, et qu'elles appellent "viens par ici, ami de Dieu". Elles sont parées de leurs plus beaux atours. » L'affaire des sous-vêtements sera promptement réglée. Une enquête sur les rites des kamikazes islamistes est menée auprès de l'ambassade d'Israël. La réponse écrite est claire : dans un premier paragraphe, quelque peu laconique, le colonel de police de l'ambassade israélienne commence par s'excuser : « Comme vous pouvez imaginer, le sujet n'est pas facile à vérifier, étant donné qu'il ne reste pas grand-chose de ces "kamikazes" après l'explosion... » Avant de poursuivre : « Nous avons eu un cas l'année dernière où le "kamikaze" n'a pas été tué par l'explosion, et il fut retrouvé portant plusieurs sous-vêtements. Les rumeurs à ce sujet racontent qu'il s'agirait de "protéger" le sexe de l'individu pour qu'il arrive entier, puisque la rétribution pour son acte est soixante-douze vierges qu'il aura au paradis, mais nous ne pouvons pas confirmer que cela est vraiment la raison. » Ce qui, dans le rapport du SRPJ du 4 juin 2002, sera

curieusement retranscrit : « L'ambassade d'Israël en France [...] rapportait qu'il n'avait jamais été constaté qu'un terroriste kamikaze avait porté plusieurs sous-vêtements avant de se sacrifier. » Il n'y a donc aucune raison de s'exciter...

Une semaine d'altercations

Pourtant, l'homme, si bizarrement accoutré, est au cœur d'une autre rumeur, circulant, cette fois, parmi les salariés d'AZF.

Chacun se souvient que, pendant la semaine qui a précédé l'explosion, Hassan J. et deux autres intérimaires ont fichu la pagaille sur le site. Les trois hommes travaillaient comme chargeurs dans la zone de stockage, située juste en face du hangar qui a explosé. Leur attitude est étrange : à tout moment, ils retardent les chargements, bloquent le tapis mécanique, disparaissent et agressent verbalement les chauffeurs de poids lourds avec lesquels ils travaillent. Hassan J. est le plus virulent. Il s'en prend, notamment, à un amateur de musique country qui a un drapeau américain en berne dans la cabine de son camion... Le matin du 21 septembre, Hassan J. arrive sur le site à 4 heures du matin. Mais il ne se met au travail qu'à 5 h 30. Qu'a-t-il fait entre-temps ? Personne ne le sait. Ce jour-là, il lance à la cantonade : « Je suis un combattant turc, moi, les Français, je les encule ! [...] C'est une bonne journée, tu t'en rappelleras. » Les chauffeurs finissent par alerter le responsable du hangar, qui fait lui-même remonter l'information jusqu'au directeur adjoint. À 10 h 17, l'usine saute...

Aujourd'hui, l'un des chauffeurs, Ali, se souvient : dans les heures qui suivent l'explosion, convaincu que le groupe de chargeurs est dans le coup, il fonce auprès des services de gendarmerie et de police faire une première déposition, puis une deuxième, et encore une troisième. Il veut être sûr que son témoignage sera bien pris en compte. Il a raison de vouloir s'en assurer.

Le SRPJ de Toulouse est serein

Car, au moment où l'histoire de l'homme aux quatre sous-vêtements commence à être médiatisée, le procureur Bréard prend une nouvelle fois les choses en main et, le 2 octobre, déclare au *Figaro* : « Ces doutes sont distillés par des personnes que nous avons repérées et dont nous connaissons les intérêts qui les inspirent. » Exit, donc, les RG mal « inspirés ». Place au SRPJ de Toulouse, beaucoup moins parano…

Alors qu'en France, après le 11 septembre, le moindre beur qui tousse de travers a de fortes chances de se retrouver menotté au sol avec la Brigade antiterroriste sur le dos, à Toulouse, l'ambiance policière est autrement plus sereine. Les enquêteurs du SRPJ ne se précipitent pas inutilement pour se livrer à des investigations désagréables.

Ils attendent, ainsi, une semaine avant d'aller faire une perquisition dans le logement que Hassan J. partage avec sa compagne et quatre jours de plus pour se rendre chez ses parents. Le 4 octobre, *Le Parisien* livre le témoignage anonyme de l'un des officiers de police judiciaire ayant participé à l'expédition : « Dans l'appartement, tout était clean. Même plus d'habits, même plus de photos, plus rien… » Il n'y aura pas que ça, d'ailleurs, à être nettoyé…

Un cadavre très propre

Quand le corps de Hassan J., après son passage à la morgue de l'hôpital Purpan, se retrouve sur une paillasse du service de médecine légale de l'hôpital Rangueil, le médecin qui doit procéder à son autopsie découvre, non sans surprise, qu'il a déjà subi une préparation thanatologique. Avant autopsie, donc. Une fois retirées les coques de protection qui lui ferment les yeux, ceux-ci n'apparaissent pas noirs (comme il l'a été noté dans le procès-verbal de la levée de corps), mais d'un bleu électrique (signe éventuel de brûlure). Par ailleurs, le corps est parcheminé de brûlures au niveau des bras, du thorax et de l'abdomen, sans que ce soit signalé dans le PV du premier examen médical. Plus intrigant encore : si le cadavre est carbonisé sur de larges zones, pour autant, aucune trace de brûlure n'apparaît sur son tee-shirt, ni sur son pantalon…

Ces bizarreries seront révélées, début 2003, par la journaliste de *L'Express* Anne-Marie Casteret, qui, au vu de toutes ces contradictions, s'interrogera : l'homme a-t-il été rhabillé sur le site, avant son transport à l'hôpital Purpan ? Et, si tel est le cas, qu'y avait-il de compromettant sur les vêtements qu'on lui a enlevés ? Des questions qu'on est effectivement en droit de se poser. Sur les documents que nous avons pu consulter, Hassan J. porte un pantalon de travail qui ne correspond pas à ceux qui sont fournis par l'usine. Un pantalon de taille 44, dans lequel il flotte, alors que, selon un témoin, le matin du 21 septembre, il était moulé dans des vêtements très serrés...

Pourtant, personne ne semble prêter attention à ces découvertes. D'autant que le rapport du médecin légiste est introuvable dans le dossier d'instruction. Seul y figure le PV de l'officier de police qui a assisté à l'examen de corps... Le rapport manquant sera finalement versé au dossier en janvier 2003, au moment où *L'Express* et *Le Figaro* commenceront à s'y intéresser.

Les pistes à éliminer

Le 19 octobre 2001 (c'est la période où un sac de DCCNa tombe du ciel dans le hangar « Demi-Grand »), des « sources proches de l'enquête » déclarent à l'AFP : « La thèse de l'accident se confirme de jour en jour. [...] Mais on continue à vérifier toutes les pistes, attentat, malveillance, et à les éliminer. » Ce dernier terme est des plus appropriés...

Les pistes qui auront ainsi été « éliminées » sont relativement nombreuses. *L'Express* et *Le Figaro* mettront plus d'un an à les retrouver... En janvier 2003, Anne-Marie Casteret et Marc Mennessier révèlent ce que l'on n'a jamais voulu évoquer officiellement : trois revendications d'attentat sont parvenues à la police, à la gendarmerie et à des organes de presse locaux dans la semaine qui a suivi l'explosion. Dont une, depuis le fax d'un centre de pompiers de Haute-Garonne, piraté à partir de l'Angleterre. Il faudra attendre plus de quatre ans (décembre 2005) pour que quelques recherches rapides soient effectuées.

De même, la veille de l'explosion, un appel anonyme a signalé l'arrivée à Toulouse d'un islamiste algérien, spécialiste en explosifs. Pas grave. Le rapport rédigé par le policier ayant reçu l'appel sera oublié dans un coin de tiroir. Il apparaîtra brusquement dans le dossier d'instruction trois ans plus tard, au moment où Marc Mennessier s'apprêtera à publier l'information dans *Le Figaro*.

Même chose pour les recherches d'explosifs : si, dès le lendemain matin de l'explosion, les bulldozers s'activent sur les bords du cratère, on ne procédera à des recherches d'explosifs à l'intérieur du trou que le dimanche suivant, une fois que la pluie et la nappe phréatique l'auront rempli d'eau… Quant aux traces éventuelles d'explosifs sur le corps de Hassan J, on ira les chercher, sans naturellement les trouver, sur ses vêtements de rechange. Vêtements rangés dans un sac de voyage, lui-même déposé dans le coffre arrière de sa voiture, elle-même garée à l'extérieur de l'usine. Mais aucun prélèvement ne sera effectué, ni sur ses mains, ni sur ses brûlures, ni dans ses cheveux.

Avis de recherche

Il est aujourd'hui prouvé par une expertise de la Direction générale de l'aviation civile (DGAC) qu'un hélicoptère survolait la zone de l'explosion au moment où elle s'est produite. Son signal sonore a été enregistré par une équipe télé, en reportage dans un lycée voisin. Après analyse de la bande-son, la DGAC a pu déterminer le type de l'appareil. Il s'agit d'un Écureuil A350. AZF se situe dans l'axe des pistes de l'aéroport de Toulouse, mais, à l'heure où nous mettons sous presse, ni l'armée de l'air ni l'aviation civile n'a encore été en mesure d'identifier l'aéronef et ses occupants.

Où sont les corps ?

La police et les pompiers ne sont pas d'accord sur la localisation de certains corps. Notamment sur l'endroit exact où a été retrouvé celui de l'homme aux quatre sous-vêtements. Selon certains constats, il est à l'intérieur d'un bâtiment, à bonne distance du lieu de l'explosion. Mais, sur d'autres documents, il est localisé sur le bord du cratère.

Anne-Marie Casteret : une journaliste sceptique

Après la catastrophe, si la presse, dans sa très grande majorité, suit les scénarios qui accréditent la thèse officielle de l'accident, la journaliste de *L'Express* Anne-Marie Casteret ne met pas longtemps à faire la mauvaise tête. L'investigatrice a un défaut : elle n'aime pas être menée en bateau. Rapidement, Anne-Marie Casteret prospecte les coins sombres du dossier. Elle décortique les incalculables aberrations qui constellent l'enquête et explore les pistes délaissées. Au cours de ses recherches, elle rejoint le journaliste du *Figaro* Marc Mennessier. Scientifique de formation, lui aussi a du mal à avaler la théorie de l'explosion spontanée… À maintes reprises, tous deux « boostent » sérieusement le dossier d'instruction et, de fait, relancent la piste de l'attentat. Ce qui leur vaudra d'être conspués dans des articles vengeurs sur Internet. Anne-Marie Casteret, connue pour ses convictions de gauche, sera ainsi suspectée d'être payée par Total et accusée de soutenir les thèses de l'extrême droite. Peu lui importe. L'investigatrice a l'habitude. Quand, entre autres scoops, elle avait révélé l'affaire du sang contaminé, cela lui avait valu, à l'époque, le même type de lynchage. Anne-Marie Casteret est décédée d'un cancer généralisé, le 20 mai dernier, avant d'avoir pu terminer son enquête. Elle n'aura pas eu le temps d'apprendre le non-lieu dont a finalement bénéficié le manutentionnaire Gilles Fauré, ni de lire les conclusions de l'expertise indépendante qui remettent en question la thèse officielle de l'explosion due au chlore. D'après l'enquête que nous avons menée, il semble bien que les pistes qu'elle avait explorées n'étaient pas des culs-de-sac. Nous lui dédions cet article.

Remerciements

Je remercie particulièrement Serge Biechlin, Daniel Grasset, Patrick Timbart, Jean-Jacques Guilbaud, Jacques et Emmanuelle Monferran, Simon Foreman, Mauricia Courrégé pour leur aide précieuse à la relecture ainsi que Mathilde Nobécourt pour la mise au point du texte.

Table

DU MÊME AUTEUR

L'Avocature, Ramsay, 1982, nouv. éd. mise à jour, Seuil, 1995, nouv. éd. entièrement refondue, Lextenso/Gazette du Palais, 2019.

Les Juges dans la balance, Ramsay, 1987 ; nouv. éd. mise à jour, Seuil, « Points », 1990.

Réforme des professions juridiques et judiciaires, Ordre des Avocats, 1988.

Justice pour la justice, Seuil, 1990.

Du cirque médiatico-judiciaire et des moyens d'en sortir, Seuil, 1993.

Paroles d'avocats, Hermann, 1994 ; nouv. éd. 2010 ; nouv. éd. Lextenso/Gazette du Palais, 2020.

Grand soir pour la justice, Seuil, 1997.

Dans l'engrenage de la justice : cela n'arrive pas qu'aux autres, Albin Michel, 1998.

Lettres à un jeune avocat, Balland, 1999.

Notre Justice. Le livre vérité de la justice française, avec Hubert Dalle (dir.), Robert Laffont, 2002.

La Justice à l'épreuve, avec Jean-Marie Coulon, Odile Jacob, 2002.

Le Temps des victimes, avec Caroline Eliacheff, Albin Michel, 2007, rééd., « Espaces libres », 2021.

La Transparence et la Vertu, Albin Michel, 2014.

Face aux juges. Ce que tous les honnêtes gens doivent savoir, Albin Michel, 2017.

Composition : IGS-CP
Impression : CPI Firmin Didot en août 2022
Éditions Albin Michel
22, rue Huyghens, 75014 Paris
www.albin-michel.fr
ISBN : 978-2-226-47652-4
N° d'édition : 25101/01 – N° d'impression : 169959
Dépôt légal : septembre 2022
Imprimé en France